Uta Reimann-Höhn

# So lernt mein Kind sich konzentrieren

**HERDER spektrum**

Band 5720

Das Buch

Konzentration ist die Grundlage für alles, was ein Kind lernt – auch in der so wichtigen Vorschulzeit. Was erwartet die Grundschule in dieser Hinsicht von den Schulanfängern? Was können Eltern tun, um das Konzentrationsvermögen ihres Kindes zu stärken? Eine gute Sinneswahrnehmung ist dabei ebenso wichtig wie Entspannung und ein kontrollierter Medienkonsum.
Praktische Förderideen und wichtige Informationen rund um das Thema Konzentration: Alles, was Eltern wissen müssen. Mit Praxistests und Kontaktadressen.

Die Autorin

Uta Reimann-Höhn, Dipl.-Pädagogin, Geschäftsführung der »Arbeitsgruppe pädagogische Lernförderung e.V.« in Wiesbaden. Bei Herder spektrum u. a.: ADS – so stärken Sie Ihr Kind; Rituale geben Sicherheit (gemeinsam mit Elisa Diekemper); Langsam und verträumt – ADS bei nicht hyperaktiven Kindern.

Uta Reimann-Höhn

# So lernt mein Kind sich konzentrieren

Mit Praxistest

HERDER

FREIBURG · BASEL · WIEN

Fotos im Innenteil: A. J. Schmidt, Freiburg
Strichzeichnungen: Heike Friedel
Konzept und Redaktion:
Lektorat Hille & Schäfer, Freiburg

Gedruckt auf umweltfreundlichem,
chlorfrei gebleichtem Papier

Originalausgabe


www.herder.de
Herstellung: fgb · freiburger graphische betriebe 2006
www.fgb.de
Umschlaggestaltung und Konzeption: R·M·E München /
Roland Eschlbeck, Liana Tuchel
ISBN-13: 978-3-451-05720-5
ISBN-10: 3-451-05720-4

Liebe Leserin, lieber Leser,

im vorliegenden Buch werden Sie immer wieder auf die beiden folgenden Symbole stoßen:

Die Glühbirne  findet sich immer dort, wo die wichtigsten Gedanken eines Kapitels noch einmal in Kürze zusammengefasst werden.

Wo die beiden folgenden Symbole   stehen, finden Sie praktische Übungen, Spiele und Ideen, die Sie gemeinsam mit Ihrem Kind – oder auch mit mehreren Kindern – ausprobieren können.

# INHALT

# LIEBE ELTERN ...

Sind Sie auch verunsichert, ob, wann und vor allen Dingen wie Sie Ihr Kind auf die Schule vorbereiten sollen? Welche Unterstützung sinnvoll ist? Was gefördert werden kann und sollte? Welche Fähigkeiten Ihr Kind benötigt, um in der Schule bestehen zu können und die Anforderungen zu erfüllen?

Konzentration ist die Grundlage allen Lernens. Sie ermöglicht es, die geistigen und körperlichen Kräfte auf ein Ziel zu richten. Das ist wichtig für die Schule, aber auch für das gesamte Leben. Die Förderung der Konzentrationsfähigkeit Ihres Kindes ist daher ein zentraler Baustein in der Vorbereitung auf die Schule.

Möchten Sie erfahren, ob sich Ihr Kind schon genug konzentrieren kann, um für den Schulunterricht gerüstet zu sein? Haben Sie einen langsamen Träumer oder eher ein unruhiges Energiebündel zu Hause und fragen Sie sich, ob Ihr Kind in der Schule zurechtkommen wird? Suchen Sie nach Spielen zur Verbesserung der Konzentrationsfähigkeit? Oder möchten Sie ganz allgemein etwas über die Entwicklung der Konzentrationsfähigkeit erfahren?
Viele Ihrer Fragen werden in diesem Ratgeber beantwortet.

Viel Spaß beim Lesen,
Uta Reimann-Höhn

# Kann mein Kind sich konzentrieren?

Jedes Kind hat Phasen intensiver Konzentration, z. B., wenn es völlig in ein Spiel versunken ist. Eltern können ihren Kindern dabei helfen, diese Fähigkeit spielerisch zu erweitern.

# 1. KAPITEL

**Kevin** spielt gerne draußen und kickt stundenlang mit seinem Fußball. Aber beim Uno oder Malefiz spielen verliert er schnell die Lust. Oft dauert es keine zehn Minuten, dann fängt er an, die Mitspieler zu ärgern. Er verändert die Spielregeln, passt nicht auf, wann er an der Reihe ist, oder lässt die anderen warten. Er wirft aus Versehen Spielsteine um oder schmeißt die Karten durcheinander. Wenn er verliert, ist er beleidigt oder fängt an zu toben. »Ihr schummelt!«, beschuldigt er seine Mitspieler, obwohl er selbst nicht ganz korrekt gespielt hat.

Kevin ist ein toller Fußballer und hat beim Kicken viel Ausdauer. Doch das Spielen am Tisch macht mit ihm keinen Spaß. Er kann einfach nicht lange stillsitzen und sich konzentrieren. Aufmerksam zuzuhören und sich an Regeln zu halten, fällt ihm schwer. Aber beim gemeinsamen Spielen muss man gut aufpassen und Spielregeln einhalten, sonst gibt es Streit. So passiert es schon mal, dass ein Spielnachmittag mit Tränen endet.

Manchmal ist es besonders schlimm. Dann beginnt Kevin, die anderen zu ärgern oder steigert sich in ein albernes Verhalten hinein. Er macht auf diese Weise seinem Frust Luft, denn eigentlich ist er überfordert. Wenn er erst mal so richtig aufdreht, ist es schwer, ihn wieder zu stoppen. Auch mit seinen Freunden bekommt Kevin immer wieder Streit, wenn er einer Situation nicht gewachsen ist und dann den Clown spielt.

Kevin hat noch ein gutes Jahr Zeit, bis er in die Schule kommt. Seine Eltern können ihm helfen, sich besser zu konzentrieren und ihm zeigen, dass Regeln sinnvoll sind.

**Laura** ist ein kleiner Sonnenschein, sie ist jedoch sehr langsam. Schon morgens dauert es lange, bis sie aus dem Bett kommt; im Bad vertrödelt sie viel Zeit und spielt. Beim Frühstück träumt sie und hört oft gar nicht, wenn man mit ihr spricht. Laura ist meist die Letzte. Beim gemeinsamen Spaziergang oder Stadtbummel müssen die Eltern aufpassen, dass sie nicht verloren geht. An jeder Ecke entdeckt sie etwas Interessantes.

Manchmal ist Laura ganz in ihrer Fantasiewelt versunken und nimmt ihre Umgebung nicht richtig wahr. Dann kann es schon mal passieren, dass sie einen Satz nicht zu Ende spricht oder mitten im Gespräch den Raum verlässt. Laura wirkt eigentlich immer sehr zufrieden, solange sie ihr Tempo selbst bestimmen kann. Langeweile kennt sie nicht und mit ihren Spielsachen kann sie sich stundenlang alleine beschäftigen.

Lauras Eltern sind manchmal etwas ungeduldig, wenn sie ihre Tochter immer wieder antreiben oder an etwas erinnern müssen. Gerade morgens, wenn es alle eilig haben, würden sie ihr Kind gerne »beschleunigen«. Obwohl der Vater das friedliche und sonnige Temperament seiner Tochter über alles schätzt, verliert er unter Zeitdruck öfter mal die Geduld. »Dir kann man ja beim Laufen die Schuhe besohlen!«, stöhnt er dann.

Bis zur Einschulung sollte sich dieses Verhalten noch ändern, meint Lauras Vater, denn in der Schule kann ja nicht auf jedes einzelne Kind Rücksicht genommen werden. Er kann sich richtig vorstellen, wie die ganze Klasse schon drei Zeilen »Omi« geschrieben hat und Laura noch in ihrem Ranzen nach den Stiften kramt. Lauras Vater kennt das aus seiner eigenen Schulzeit nur zu gut. Deshalb möchte er gerne mit Laura üben, damit ihre Verträumtheit und Langsamkeit für sie in der Schule nicht zum Problem werden.

**Fazit:** Kinder sind von Geburt an verschieden und entwickeln sich unterschiedlich, je nach individuellen Voraussetzungen und Umgebungseinflüssen. Ob unruhig, langsam, hektisch, schusselig oder impulsiv – fast immer machen sich Eltern früher oder später Gedanken darüber, ob ihr Kind mit diesem Verhalten in der Schule zurechtkommen wird. Sie wissen, dass Konzentration und Aufmerksamkeit wichtige Bausteine für den Schulerfolg sind. Daher ist es sinnvoll, schon vor der Einschulung gemeinsam mit dem Kind diese Fähigkeiten zu trainieren, das Kind spielerisch zu fördern und so auf die Schule vorzubereiten.

## WIE KONZENTRIERT ARBEITET MEIN KIND?

Kinder zwischen vier und sechs Jahren sind in ihrem Verhalten sehr unterschiedlich. Das ist zum einen genetisch bedingt, zum anderen wird dies natürlich auch durch ihre Erfahrungen und die individuelle Erziehung beeinflusst. Bereits sehr kleine Kinder können sich gut konzentrieren, wenn sie sich für ein Thema begeistern. Sind sie aber gelangweilt oder desinteressiert, schwindet ihre Aufmerksamkeit rapide. Sie lassen sich dann sehr leicht ablenken und wenden sich anderen Dingen zu.

Je älter die Kinder werden, desto größer wird ihre Fähigkeit zur Konzentration. Sie lernen, nicht mehr ausschließlich impulsiv zu reagieren, sondern an Situationen überlegter heranzugehen. Ihre Bedürfnisse, z. B. Hunger und Durst, können für eine kleine Weile aufgeschoben werden.

Bis zur Schulfähigkeit machen Kinder große Entwicklungsschritte. Dazu gehört unter anderem, sich vom

Kleinkindverhalten zu lösen, fremde Perspektiven einnehmen zu können und sich immer stärker gegen äußere Reize abzugrenzen. Sie lernen, eine Geschichte bis zum Schluss anzuhören, auch wenn ihr Interesse währenddessen etwas nachlässt, führen kleine Aufgaben zu Ende, auch wenn sie dazu keine große Lust haben, und beteiligen sich an einem Spiel, auch wenn sie nicht gewinnen.

Die meisten Vorschulkinder sind durchaus in der Lage, sich über einen längeren Zeitraum intensiv zu konzentrieren, wenn das Thema oder die Sache für sie attraktiv und spannend ist. Eine lustige Fernsehsendung, ein spannendes Spiel oder der Computer sind gute Beispiele dafür. Den Tisch abdecken, Zähne putzen, die schmutzigen Sachen in den Wäschesack stecken oder Spielsachen aufräumen ist hingegen weniger attraktiv. Konzentrationsprobleme sind also oft Motivationsprobleme, eine echte Störung steckt selten dahinter.

Viele Eltern machen sich vor der Einschulung zu Recht Gedanken darüber, ob ihr Kind ausreichendes Durchhaltevermögen für den Unterricht besitzt, entsprechend lange stillsitzen, sich konzentrieren und ausdauernd mit einer Sache beschäftigen kann.

Der folgende Praxistest gibt Ihnen Anhaltspunkte dafür, was Ihr Kind schon gut beherrscht bzw. wo Sie es noch unterstützen und fördern können. Beobachten Sie Ihr Kind eine Zeit lang aufmerksam und beantworten Sie dann die Fragen möglichst genau.

## PRAXISTEST

**Interesse und Neugier**

1. Beginnt Ihr Kind stets zügig mit einer Aufgabe oder mit einem Spiel?

   ☐ **Häufig** ☐ **manchmal** ☐ **selten**

2. Vertieft sich Ihr Kind in seine Aufgabe, sodass es schwer abzulenken ist?

   ☐ **Häufig** ☐ **manchmal** ☐ **selten**

3. Hört Ihr Kind aufmerksam zu, ohne dass Sie es dauernd ermahnen müssen?

   ☐ **Häufig** ☐ **manchmal** ☐ **selten**

4. Kann Ihr Kind sich längere Zeit alleine beschäftigen?

   ☐ **Häufig** ☐ **manchmal** ☐ **selten**

**Gedächtnis**

**5.** Kann Ihr Kind sich gut merken, was Sie ihm sagen?

☐ **Häufig** ☐ **manchmal** ☐ **selten**

**6.** Kann Ihnen Ihr Kind erzählen, was am Vortag passiert ist?

☐ **Häufig** ☐ **manchmal** ☐ **selten**

**Sinnliche Erfahrung**

**7.** Mag Ihr Kind das Spiel mit der Natur, mit Farben und Materialien?

☐ **Häufig** ☐ **manchmal** ☐ **selten**

**8.** Genießt Ihr Kind gemütliche Vorlesezeiten mit Mama oder Papa auf dem Sofa?

☐ **Häufig** ☐ **manchmal** ☐ **selten**

**9.** Betrachtet Ihr Kind gerne und aufmerksam Bilder oder Fotos?

☐ **Häufig** ☐ **manchmal** ☐ **selten**

**Bewegung und Entspannung**

**10.** Kann Ihr Kind sich nach einer Anstrengung auch gut entspannen?

☐ **Häufig** ☐ **manchmal** ☐ **selten**

11. Bewegt sich Ihr Kind gerne? Tobt, tanzt und turnt es manchmal ausgiebig?

☐ Häufig ☐ manchmal ☐ selten

**Ordnung und Rituale**

12. Führt Ihr Kind Angefangenes auch zu Ende?

☐ Häufig ☐ manchmal ☐ selten

13. Weiß Ihr Kind, wo seine Spielsachen liegen, ohne sie lange suchen zu müssen?

☐ Häufig ☐ manchmal ☐ selten

14. Kennt und akzeptiert Ihr Kind Regeln und kann es sie einhalten?

☐ Häufig ☐ manchmal ☐ selten

15. Hat Ihr Kind Geduld und kann es abwarten, bis es an der Reihe ist?

☐ Häufig ☐ manchmal ☐ selten

**Sozialverhalten und Selbstbewusstsein**

16. Spielt Ihr Kind, trotz kleiner Störungen oder wenn es schwierig wird, weiter?

☐ Häufig ☐ manchmal ☐ selten

**17.** Kann Ihr Kind stolz sein auf seine Leistungen und Lob annehmen?

☐ **Häufig** ☐ **manchmal** ☐ **selten**

**18.** Kann sich Ihr Kind in der Gruppe gut einordnen und auch Vorschläge anderer Kinder annehmen?

☐ **Häufig** ☐ **manchmal** ☐ **selten**

**19.** Kann Ihr Kind selbstbewusst seinen Standpunkt vertreten?

☐ **Häufig** ☐ **manchmal** ☐ **selten**

## AUSWERTUNG

Je mehr Fragen Sie im Praxistest mit **häufig oder manchmal** beantwortet haben, desto zielgerichteter und konzentrierter arbeitet Ihr Kind und umso besser sind seine Voraussetzungen für die Schule.

Wenn Sie bei den Fragen 1–4 »selten« angekreuzt haben, können die Übungen auf den Seiten 52 ff. helfen.

Wenn Sie bei den Fragen 5+6 »selten« angekreuzt haben, können die Übungen auf den Seiten 64 ff. helfen.

Wenn Sie bei den Fragen 7–9 »selten« angekreuzt haben, können die Übungen auf den Seiten 45 ff. helfen.

Wenn Sie bei den Fragen 10+11 »selten« angekreuzt haben, können die Übungen auf den Seiten 59 ff. helfen.

Wenn Sie bei den Fragen 12–15 »selten« angekreuzt haben, können die Übungen auf den Seiten 73 ff. helfen.

Wenn Sie bei den Fragen 16–19 »selten« angekreuzt haben, können die Übungen auf den Seiten 70 ff. helfen.

Mit unseren Übungen in Kapitel 4 können Sie Ihrem Kind helfen, sich noch besser auf die Schule vorzubereiten und seine Konzentrationsfähigkeit zu unterstützen.

**Fazit:** Ihr Kind hat in seinen ersten Lebensjahren schon sehr viel gelernt. Zuhören, spielen, malen, bauen und klettern sind Fähigkeiten, die mit Unterstützung der Eltern in der Regel gut ausgebildet wurden. Bis zur Einschulung kann aber jedes Kind seine Fähigkeiten noch etwas ausbauen.

Aufgaben verstehen, zügig beginnen und durchführen sowie Kritik verkraften und seine Kräfte einschätzen können sind wichtige Kompetenzen für ein angehendes Schulkind. Sie zeigen sich im Ansatz schon im Vorschulalter beim Spielen mit Freunden oder im ganz normalen Familienalltag.

Ein Kind kann nicht alle seine Kräfte auf ein Ziel konzentrieren, wenn es durch Unsicherheiten und Zweifel an seiner Person oder seinem Stellenwert geplagt wird. Daher ist auch ein gesundes Selbstbewusstsein sehr wichtig, um motiviert und konzentriert arbeiten zu können. Nur wer seine Fähigkeiten kennt und Vertrauen in sein Können hat, der traut sich auch an Neues mutig heran und wird durch Rückschläge und Fehler nicht entmutigt.

# Konzentrationsfähigkeit als Voraussetzung für den Schuleintritt

Konzentration ist die Grundlage allen Lernens. Sie befähigt das Kind, seine geistigen und körperlichen Kräfte auf ein Ziel zu richten, um es dann auch zu erreichen. Konzentrationsfähigkeit ist ein zentraler Baustein für schulischen Erfolg.

## WAS WIRD VON DEN ERSTKLÄSSLERN ERWARTET?

Einschulungstests gehören in den meisten Schulen, ebenso wie der Begriff der Schulreife, weitgehend der Vergangenheit an. Sie wurden von einer Untersuchung durch das Gesundheitsamt und meist einer beobachteten Unterrichtsstunde in der aufnehmenden Schule abgelöst. Heute gibt es eine Reihe von Kriterien, nach denen entschieden wird, ob ein Kind den Anforderungen des neuen Lebensabschnittes gewachsen ist.

Neben den körperlich-gesundheitlichen Voraussetzungen, also z. B. der Größe und Kraft eines Kindes sowie seiner gesundheitlichen Verfassung und Belastbarkeit, sind vor allem das Sozialverhalten, die Lernmotivation und die kognitiven Fertigkeiten des künftigen Schülers entscheidend.

Wichtigste Voraussetzung für den Schuleintritt ist die Lust am Lernen. In der ersten Klasse sollten die Kinder vor allem Interesse und Neugier zeigen, Aufnahmebereitschaft mitbringen sowie konzentriert bei einer Sache bleiben können. Auch eine gut entwickelte Wahrnehmungsfähigkeit ist wichtig, um die unterschiedlichen Sinneseindrücke aufnehmen und verarbeiten zu können. Die Kinder sollten in der Lage sein, ihre Bedürfnisse aufzuschieben, denn ein

Schüler kann nicht ausschließlich seine eigenen Interessen verfolgen. Es wird erwartet, dass er diese eine Weile zurückstellt, um dem Unterricht folgen zu können.

Diese Kompetenzen haben die meisten Kinder schon in der Familie und im Kindergarten erworben und bauen sie während der Schulzeit weiter aus.

## WELCHE ANFORDERUNGEN SIND NEU IN DER SCHULE?

In der Schule kommen auf die Kinder viele verschiedene Anforderungen zu. Sie müssen sich an einen Zeitplan halten, in eine neue Gruppe einfügen, in einem fremden Gebäude zurechtfinden und eine Zeit lang stillsitzen und der Lehrerin zuhören.

Der Unterricht, auch wenn er in der ersten Klasse immer wieder durch Bewegungspausen und spielerische Elemente aufgelockert wird, ist für die Kleinen oft ganz schön anstrengend. Sie müssen bereit sein zum Lernen, wobei diese Bereitschaft natürlich von der Lehrerin gefördert und motiviert werden muss.

Die Schulkinder müssen lernen, störende Impulse und eigene Bedürfnisse auszublenden oder für eine gewisse Zeit aufzuschieben. Nach einer Eingewöhnungszeit wird erwartet, dass sie ihre Aufmerksamkeit solange aufrechterhalten, wie die Unterrichtseinheit dauert. Das vorbeifahrende Müllauto, die Spinne am Fensterrahmen oder der tropfende Wasserhahn neben der Klassentür dürfen zwar bemerkt werden, sollten aber nicht dazu führen, dass die Kinder vom Unterricht völlig abgelenkt werden.

## Aufgabenfeuerwerk

Sowohl zu Hause als auch im Kindergarten übernehmen Vorschüler bereits vielfältige Aufgaben. Im Unterschied zur Schule sind an das Gelingen der Aufgaben allerdings selten Konsequenzen geknüpft. Viele Eltern zeigen große Geduld darin, ihr Kind immer wieder zu ermuntern, nicht beendete Arbeiten zu Ende zu führen. Wenn die Gummistiefel trotz mehrmaligen Ermahnens immer noch im Flur herumliegen, bleiben die Folgen für das Kind und die Eltern überschaubar.

Im Klassenverband ist es jedoch nicht möglich, jedes einzelne Kind mehrmals aufzufordern. Auch können die gestellten Aufgaben nicht von jedem Schüler unterschiedlich umgesetzt werden: Beim Lesen müssen alle Kinder ihr Lesebuch herausnehmen, für den Sportunterricht brauchen alle ihre Turnschuhe und der Treffpunkt zum Klassenausflug muss ebenfalls von allen erreicht werden. Damit dies auch klappt, lernen alle Kinder, den Anweisungen der Lehrerin aufmerksam zuzuhören.

## Handlungen planen

Darüber hinaus geht es später auch um umfangreichere und zeitlich auseinander liegende Aufgaben.

Bei der großen Gruppe der Schüler einer Klasse ist es verständlich, dass eine Lehrerin nicht jedes einzelne Kind an seine Aufgaben erinnern kann. Wenn die Schüler am nächsten Tag für den Kunstunterricht ihren Farbkasten und einen Zeichenblock dabei haben sollen, gelingt dies auf Dauer nur dann, wenn alle Kinder diese Aufforderung mitbekommen und sie sich auch merken können. Das erfordert geordnete und zielgerichtete Gedanken und ein sicheres Speichern von Informationen.

## Lern- oder Denkebenen

Neben dem Aufnehmen von Informationen werden in der Schule im Laufe der Jahre noch weitere Kompetenzen relevant. Nach Robin Fogarty, einem amerikanischen Schulreformer, unterteilen sich diese in drei aufeinander folgende Phasen:

### 1. Das Sammeln

In dieser Phase wird vom Schüler das Reproduzieren aufgenommener Informationen erwartet. Er soll erzählen, beschreiben, wiedergeben und benennen.

*Die Kinder sollen ein Märchen nacherzählen, z.B. »Hänsel und Gretel«.*

## 2. Das Verarbeiten

In dieser Phase soll der Schüler verarbeiten, gegenüberstellen, lösen, analysieren und unterscheiden.

*Die Kinder sollen überlegen, welche Möglichkeiten Hänsel und Gretel noch gehabt hätten, um der Hexe zu entkommen.*

## 3. Das Anwenden

In dieser Phase soll das Gelernte vom Schüler angewendet und transferiert werden. Es wird von ihm erwartet, eine Hypothese aufzustellen, ein Prinzip anzuwenden und etwas vorhersagen zu können.

*Die Kinder sollen Parallelen zwischen dem Märchen und der heutigen Zeit finden.*

Bereits in der ersten Phase wird von den Schulkindern eine hohe Aufmerksamkeit verlangt. Um das gesammelte Wissen weiterverarbeiten zu können, muss es im Gehirn zunächst gespeichert werden. Erst dann können in der zweiten Phase die einzelnen Informationen abgewogen und einander gegenübergestellt werden. In der dritten Phase, die sicherlich die anspruchsvollste ist, wird selbstständiges Denken gefordert.

**Fazit:** Neben der Lernbereitschaft sowie den körperlichen und intellektuellen Grundvoraussetzungen müssen Kinder ihre Aufmerksamkeit auf die schulischen Anforderungen ausrichten. Die Fähigkeit zum konzentrierten Zuhören und Arbeiten, auch wenn es gerade nicht so spannend ist oder der Magen knurrt, wird von allen Schulkindern früher oder später erwartet. Dies steht jedoch ganz im Rahmen der normalen Entwicklungsmöglichkeiten eines Kindes.

# Konzentration – was Sie wissen sollten

Bereits bei der Geburt besitzt der Säugling 100 Milliarden Nervenzellen (Neuronen) – weitaus mehr als notwendig. Das kindliche Gehirn entwickelt sich in den ersten Lebensjahren rasant weiter und vervierfacht dabei sein Gewicht.

## BABYS SIND HOCH MOTIVIERT

Kinder haben von Geburt an eine hohe Eigenmotivation, ihre Welt durch Bewegung zu erforschen. Der Säugling zappelt, dreht und wendet sich, er erforscht seine Hände und Füße und die Gesichter anderer Menschen. Ohne aktives Eingreifen erlernt das Kleinkind das Sitzen, Krabbeln und Laufen, lediglich unterstützt durch die liebevolle Anregung seiner Eltern. Gesunde Kleinkinder können gar nicht anders, als ihre Umwelt neugierig zu erforschen und sich dabei immer mehr Wissen und Erfahrung anzueignen – also zu lernen.

Kinder folgen dabei einem inneren Zeitplan, in dem die Reihenfolge bestimmter Entwicklungsschritte vorgegeben ist. Im motorischen Bereich folgt dem Liegen das Drehen, dann das Sitzen, Stehen, Krabbeln und Laufen – in allen Kulturen. Ebenso verhält es sich in anderen Bereichen: bei der sprachlichen Entwicklung (einzelnen Lauten folgen Silben, Wörter und ganze Sätze) oder der Entwicklung logischen Denkens (Rechnen, Lesen und Schriftspracherwerb) und des Sozialverhaltens.

## VORGÄNGE IM GEHIRN

Was passiert im kindlichen Gehirn? Für die Speicherung und Verarbeitung von Informationen sind die

Neuronen zuständig. Informationen kommen als Impulse bei einem Neuron an und werden dort über die Synapsen verarbeitet. Je nachdem, wie stark diese Schaltstellen ausgebildet sind, entscheidet sich, ob der Impuls auf das nachfolgende Neuron einen großen, einen kleinen oder gar keinen Effekt hat.

In den ersten drei Lebensjahren baut jede Nervenzelle eines Kindes im Schnitt 10 000 bis 15 000 Synapsen auf, im zweiten Lebensjahr entspricht die Anzahl dieser Verbindungsstellen von Neuronen derjenigen von Erwachsenen (100 Billionen). Im dritten Lebensjahr sind es schon doppelt so viele. Diese Zahl bleibt bis zum 10. Lebensjahr konstant und verringert sich dann wieder um die Hälfte. Die nicht benötigten und wenig genutzten Verbindungsstellen werden abgebaut. Das Lebensumfeld des Kindes und die vielfältigen Einflüsse spielen eine große Rolle dabei, welche Verbindungen ausgebaut und welche vernachlässigt werden.

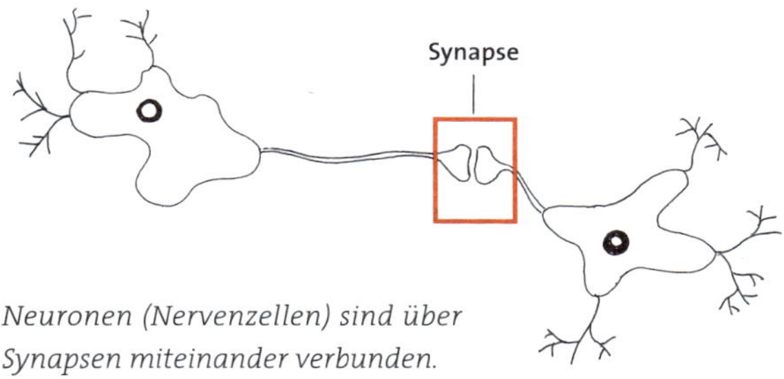


*Neuronen (Nervenzellen) sind über Synapsen miteinander verbunden.*

Im Alter von sechs Jahren sind Kinder schon durchaus in der Lage, ihre Gefühle zu beherrschen und ihre Bedürfnisse hinauszuschieben. Dadurch können sie sich nun auch besser konzentrieren. Neben der Entwicklung des Gehirns ist das gute Zusammenspiel (die Integration) der sieben Sinne ein zentraler Baustein für gute Lernfähigkeit und Konzentration.

*Die sieben Sinne oder Wahrnehmungskanäle*

Nur wenn alle Sinneseindrücke unverfälscht aufgenommen und verstanden werden können, hat ein Kind die Möglichkeit, sich einer anderen Information aufmerksam zuzuwenden. Ein Kind, das mit der auditiven Wahrnehmung Schwierigkeiten hat, Töne und Geräusche also schlecht hört, muss seine ganze Aufmerksamkeit darauf konzentrieren, von einem wichtigen Gespräch, einer Geschichte oder einem Film nichts zu verpassen. Dabei hat es kaum noch Kapazitäten frei, sich auf andere Dinge zu konzentrieren. Es lauscht dem Film so angestrengt, dass es beispielsweise nicht bemerkt, wie ihm die Marmelade vom Brötchen auf das Sofa tropft.

## ENTWICKLUNG DER KONZENTRATIONSFÄHIGKEIT

Kinder lernen im Laufe ihrer Entwicklung immer besser zu entscheiden, welche Eindrücke für sie wichtig sind und welche sie vernachlässigen können. Wenn sie in die Schule kommen, also im Alter zwischen fünf und sieben Jahren, ist das kindliche Verhalten noch stark von Bedürfnissen, zufälligen Interessen und Impulsen geprägt. Dieser Sachverhalt ist aber auch der Grundschullehrerin bewusst, sodass es in jeder ersten Klasse eine Eingewöhnungszeit gibt, während der die Kinder langsam an die Anforderungen der Schule herangeführt werden.

## OHNE ENTSPANNUNG KEINE KONZENTRATION

Konzentration ist die willentliche Fokussierung der Aufmerksamkeit auf bestimmte Inhalte. Die Gedanken bei weniger anschaulichen Lerninhalten nicht abschweifen zu lassen, sondern sie bewusst auf ein

Thema zu richten, ist für Kinder nicht einfach und erfordert ihre ganze Kraft.

Wie ein Sportler, der nach einer körperlichen Anstrengung erschöpft und ausgelaugt ist, braucht auch ein Kind, das sich gut konzentriert hat, immer wieder Erholungsphasen. Fünf- bis siebenjährige Kinder können sich etwa 15 Minuten lang konzentrieren, danach nimmt ihre Aufmerksamkeit schnell ab. Um wieder in einen Zustand der Konzentration gelangen zu können, müssen sie sich erst erholen. Nur, wenn der Wechsel zwischen Anspannung und Entspannung funktioniert, sind hohe Konzentrationsleistungen möglich.

Wie lange sollte sich ein Kind konzentrieren können?

| 5–7 Jahre | 8–9 Jahre | 10–12 Jahre | ab 12 Jahre |
|---|---|---|---|
| 15 Minuten | 20 Minuten | 25 Minuten | 30 Minuten |

## KONZENTRATIONSKILLER

Ständige Überforderung oder auch Unterforderung haben Auswirkungen auf das innere Gleichgewicht und bewirken Anspannung, Nervosität und Gereiztheit. Nach den Aufmerksamkeitsphasen stellt sich keine Befriedigung und kein Erfolgsgefühl ein. Das

Kind registriert nicht, dass sich seine Anstrengungen gelohnt haben. Entweder wird seine Lernbereitschaft ständig gebremst oder die Anforderungen sind kontinuierlich zu hoch, sodass es keine Motivation zum Weitermachen verspürt.

Natürlich können auch äußere Umstände die Konzentrationsfähigkeit stark beeinträchtigen, sowohl zu Hause als auch in der Schule. Ständige Lärmquellen, wie z. B. eine Baustelle vor dem Fenster, ein lauter Fernseher oder streitende Geschwister, lenken ab. Auch Sauerstoffmangel, fehlende Bewegung und eine ungesunde Ernährung tragen nicht zu einer guten Konzentrationsfähigkeit bei.

Da Kinder selbst diese Störquellen nicht als solche wahrnehmen und sie daher nicht abschalten können, reagieren sie mit Verweigerung. Konzentration erscheint ihnen zunehmend als Anstrengung, der sie nicht gewachsen sind.

## MEDIZINISCHE URSACHEN VON KONZENTRATIONSSCHWÄCHE

Neben den umweltbedingten und familiären Ursachen von Konzentrationsschwäche gibt es auch medizinische Gründe. Schon Kinder können Störungen im Hormonhaushalt aufweisen (z.B. Überfunktion der Schilddrüse), entwicklungsverzögert sein oder Schwierigkeiten mit der Konzentration durch Unfall oder Krankheit (z.B. durch Schädelverletzungen oder Infektionskrankheiten) erworben haben.

Umerzogene Linkshänder entwickeln häufig Konzentrationsstörungen. Organische Entwicklungshemmungen und senso-motorische Mängel, wie z.B. Hör- und Sehfehler, gehören in ärztliche Behandlung. Bei ADS (Aufmerksamkeits-Defizit-Syndrom) bzw. ADHD (Attention Deficit Hyperactivity Disorder) steht die fehlende Fähigkeit, aufmerksam zu sein, im Mittelpunkt.

Bei Schwierigkeiten mit der Konzentration oder der Aufmerksamkeit bei Kindern sollte immer individuell nach den Ursachen geforscht werden. Gravierende Probleme mit der Konzentration und Aufmerksamkeit können Kinder in der Regel nicht aus eigener Kraft ändern. Fast immer leiden sie selbst unter diesem Verhalten und benötigen die Hilfe ihrer Familie und ihres Umfeldes, um die Schwierigkeiten zu überwinden.

**Fazit:** Die Konzentrationsspanne von Kindern verlängert sich nur langsam und ist bei Schulbeginn noch längst nicht ausgereift – kurze Lerneinheiten in der ersten Klasse mit vielen Pausen und spielerischen Entspannungsphasen werden der kindlichen Entwicklung gerecht. Die Ursachen für Konzentrationsprobleme können familiär, medizinisch oder durch bestimmte Umweltfaktoren bedingt sein. Mit sieben Jahren sollte sich ein Kind rund 15 Minuten lang konzentrieren können.

# Wie gelingt Konzentration? Praktische Ideen und Spiele

Interessiert und neugierig, alle Sinne hellwach, das Ziel im Blick, ganz bei der Sache – ein Kinderspiel?

# 4. KAPITEL

**Sandra** und **Leon** spielen schon seit einer Dreiviertelstunde friedlich miteinander. Ihre Mütter sitzen im Wohnzimmer bei einer Tasse Tee und freuen sich über die unerwartete Ruhepause. Nicht immer vertragen sich ihre Kinder so gut und sie fragen sich, was die beiden so fesselt.

Als sie schließlich nachschauen, sehen sie ihre Kinder ganz vertieft mit dem Kaufladen spielen. Leon hat alle Fächer ordentlich gefüllt und sortiert, Sandra kauft ein, tauscht um und lässt sich verschiedene Produkte erklären. Die beiden sind völlig versunken und bemerken nicht einmal die neugierigen Blicke ihrer Mütter. Erst eine Viertelstunde später brechen sie ihr Spiel ab und kommen ins Wohnzimmer, um sich etwas zu trinken zu holen. Anschließend finden sie nicht mehr in ihr Spiel zurück, sie werden unruhig, müde und quengelig.

Über eine Stunde lang haben die beiden Kinder sich völlig auf ihr Spiel konzentriert und gemeinsam eine Fantasiewelt geschaffen. Dabei sind alle anderen Bedürfnisse in den Hintergrund getreten. Für die Dauer des hochkonzentrierten Spiels haben die Kinder nichts vermisst. Sie hatten keinen Hunger und keinen Durst, auch auf den Kontakt mit ihren Müttern konnten sie für diese Stunde gut verzichten. Beide waren von ihrem Spiel so vereinnahmt, dass nichts sie stören konnte. Sie befanden sich im Zustand höchster Konzentration.

Für Fünfjährige ist diese lange Konzentrationsdauer eine große Leistung. Wie anstrengend das intensive Spiel für Leon und Sandra gewesen ist, zeigt sich in ihrem Verhalten hinterher: Sie sind merklich erschöpft, können keine gemeinsame Spielgrundlage mehr finden und möchten alleine sein.

Dieses Verhalten ist völlig normal, denn Vorschulkinder müssen erst noch lernen, ihre Konzentrationsspanne zu verlängern und sich zwischen den aufmerksamen Phasen zu erholen. Bis sie sich willentlich über einen längeren Zeitraum ganz auf eine Sache konzentrieren können, werden noch viele Jahre vergehen.

Was ist während ihrer konzentrierten Spielphase passiert? Um in einen solchen Zustand zu gelangen, müssen sich Kinder von ihrem Gegenüber angenommen fühlen. Es ist also davon auszugehen, dass Leon Sandra gerne hat und sich auch in ihrem Kinderzimmer wohl fühlt.

Zwischen beiden Kindern herrscht eine harmonische Beziehung, die es ihnen erlaubt, eine gemeinsame Spielidee zu entwickeln. Sie behindern sich nicht ge-

genseitig, sondern finden in ihre verschiedenen Rollen und fühlen sich auch gut darin. Das Spielthema fasziniert sie und sie entwickeln es weiter. Zu dem Zustand des »sich Wohlfühlens« kommt jetzt eine Engagiertheit hinzu, die das Spiel vorantreibt. Beide Kinder sind hoch motiviert und stark interessiert. Sie wollen sich auf das Spiel konzentrieren, lassen sich durch nichts ablenken und sind ganz bei der Sache.

Grundvoraussetzung für eine so lange Konzentrationszeit ist neben dem Wohlbehagen und der hohen Engagiertheit vor allen Dingen eine gute Integration aller Sinne. Wichtiges kann so von Unwichtigem getrennt werden, das gemeinsame Spiel wird nicht durch Irritationen behindert. So ist es Sandra und Leon gelungen, alle akustischen Störgeräusche auszublenden. Sie reagieren nicht auf die Stimmen ihrer Mütter im Wohnzimmer, ein Klingeln an der Haustür kann sie nicht unterbrechen und den Fernseher im Zimmer von Sandras Bruder ignorieren sie ebenfalls. Auch ihr Blick ist ganz auf das Kaufladenspiel konzentriert, dabei gäbe es in Sandras Zimmer jede Menge Ablenkung.

Die beiden sind dabei zu lernen, störende Reize auszublenden und wichtige von unwichtigen Impulsen zu unterscheiden. Ihre Konzentrationsfähigkeit ist schon gut ausgeprägt. Im Laufe der Zeit wird es ihnen gelingen, diese Fähigkeit auch auf Tätigkeiten auszuweiten, die ihnen nicht so viel Spaß machen, wie beispielsweise die Hausaufgaben.

Die ersten Schritte sind getan. Es ist wichtig, dass Kinder solche Erfahrungen machen. Sie lernen dadurch, dass sie sich über längere Zeit mit einer Sache beschäftigen können. Loben Sie daher Ihr Kind, wenn es sich länger intensiv mit einer Sache befasst!

Im Alter zwischen vier und sechs Jahren ist die Konzentrationsfähigkeit von Kindern noch sehr unterschiedlich ausgeprägt. Diese hängt davon ab, wie wohl sich ein Kind fühlt, wie interessiert es ist und wie gut seine Wahrnehmungskanäle bereits integriert, d. h. ausgebildet und mit den anderen vernetzt sind. Die Förderung der verschiedenen Sinne ist deshalb eine wunderbare Möglichkeit, die Konzentrationsfähigkeit von Kindern spielerisch zu erweitern.

Dabei sind selbst große Unterschiede noch kein Grund zur Sorge. Während sich das eine Kind intensiv mit Bildern und Farben beschäftigt, also seinen visuellen Sinn schärft, hat das andere vielleicht viel mehr Interesse an Bewegung, wodurch es seinen Gleichgewichtssinn trainiert. Beide Kinder entwickeln sich gezielt weiter, beide haben die richtige Richtung eingeschlagen.

**Fazit:** Wohlbefinden und Engagement unterstützen die Konzentration. Eltern können ihr Kind darüber hinaus durch ein vielfältiges Angebot an Spielen und Erfahrungen wunderbar fördern. Dabei gibt das Kind sein Entwicklungstempo selbst vor. Je mehr Möglichkeiten es jedoch hat, sich mit liebevoller Unterstützung seiner Eltern zu erproben, und je mehr Anregungen es erhält, desto positiver wird seine Einstellung zum schulischen Lernen sein.

## KONZENTRATIONSFÖRDERUNG DURCH SINNLICHE ERFAHRUNGEN

Die sieben Sinne sind eine wichtige Grundlage für die Entwicklung der Konzentrationsfähigkeit. Um die Sinne auszubilden, müssen sie aber auch eingesetzt werden. Dies tun Kinder zwar ganz von selbst, doch benötigen sie Anregungen und eine Umgebung, in der intensive Sinneseindrücke möglich sind. Ein Kind, das sich nicht viel bewegt, kaum klettert und wenig läuft, kann nur schwer sein Körpergefühl und seinen Gleichgewichtssinn entwickeln. Das Be-greifen verschiedenster Gegenstände und Materialien hingegen führt zur Ausprägung des taktilen Sinnes.

Fast alle Menschen bevorzugen einen oder zwei Sinne, die anderen werden in der Regel weniger beansprucht. Für die Entwicklung des Kindes ist es aber wichtig, die Wahrnehmungsfähigkeit mit allen Sinnen zu trainieren. Hierfür gibt es spannende Übungen und Experimente. Gemeinsam mit Ihrem Kind können Sie auf eine Entdeckungsreise der Sinne gehen. Über manche Phänomene wird nicht nur Ihr Kind staunen!

## Übungen für den Tastsinn (taktil)

Mit Wasser kann man tolle Experimente machen. Beobachten Sie mit Ihrem Kind einen Tag lang, wie Wasser sich anfühlen kann. Wenn es aus der Leitung kommt, ist es kalt oder warm, im Tiefkühlfach gefriert es zu lustigen Formen. Mit etwas Badezusatz bilden sich gigantische Schaumberge und in Verbindung mit Erde oder Mehl wird es pampig.

Was macht Wasser mit der Haut, wenn sie zu lange nass ist? Lassen Sie Ihr Kind Wasser fühlen. Mit verbundenen Augen soll es verschiedene Flüssigkeiten spüren. Wie unterscheiden sich Sahne, Öl und Wasser?

Machen Sie das Kinderzimmer zum Abenteuerspielplatz. Kann Ihr Kind mit verbundenen Augen seine Lieblingsspielsachen finden, sich im vertrauten Raum orientieren? Und wie ist es, wenn Sie in Ihrem Zimmer mit geschlossenen Augen etwas finden wollen?

### Übungen für den Hörsinn (auditiv)

Füllen Sie leere Filmdosen oder die gelben Behältnisse von Überraschungseiern mit Reis, Sand, Büroklammern, Hölzchen, Perlen, Reißzwecken und kleinen Legosteinen. Wie lange dauert es, bis Sie und Ihr Kind den Inhalt jeder Dose am Geräusch erkennen können?

Spielen Sie eine »Geräuschgeschichte«: Erfinden Sie oder lesen Sie Ihrem Kind eine Geschichte vor, bei der es so viele Geräusche wie möglich selbst machen soll. »Peter hatte einen Hund, der immer bellte *wau, wau* …«

Verstecken Sie einen tickenden Wecker in der Wohnung: Wer findet ihn zuerst?

### Übungen für den Geschmackssinn (gustatorisch)

Zerstampfen Sie verschiedene Früchte zu Mus. Erkennt Ihr Kind am Geschmack, um welche Frucht es sich handelt?

Machen Sie aus dem Mittagessen ein Geheimnis. Lassen Sie Ihr Kind das Essen erst mit geschlossenen Augen schmecken, bevor es sieht, was auf dem Teller liegt.

Süß, salzig, bitter, sauer – versuchen Sie beim Einkaufen im Lebensmittelgeschäft mit Ihrem Kind, so viele Waren wie möglich in diese vier Kategorien einzuteilen.

## Übungen für den Geruchssinn (olfaktorisch)

Duftlampen sind gerade im Herbst und Winter gemütlich. Eine gute Gelegenheit, um Ihr Kind die unterschiedlichen Düfte erriechen zu lassen. Was unterscheidet Vanille von Zimt, Mandarine von Zitrone oder Lavendel von Pfefferminze?

Nachdem sie gewaschen wurden, riechen alle Kleidungsstücke gleich, doch wie ist es vor der Wäsche? Kann Ihr Kind mit verbundenen Augen an einzelnen Kleidungsstücken erkennen, wer sie getragen hat? Und können das Papa und Mama auch?

Wo ist der Stinkekäse versteckt (oder etwas anderes intensiv Riechendes)? Es ist gar nicht so einfach, die Quelle des Geruchs zu finden. Lassen Sie Ihr Kind zuerst suchen, dann werden die Rollen getauscht und Sie müssen schnuppern.

## Übungen für den Sehsinn (visuell)

Wenn wir die Augen schließen, merken wir erst, wie wichtig das Sehen für uns ist. Verbinden Sie Ihrem Kind die Augen und lassen Sie es den Raum aus dem Gedächtnis beschreiben. Welche Decke liegt auf dem Tisch, wie sieht die Bettwäsche aus, wo liegt das Lieblingsspielzeug?

Lassen Sie Ihr Kind beschreiben, wie sich Oberflächen anfühlen. Ist die Wand rau, der Küchentisch glatt oder die Fußmatte kratzig?

Spielen Sie im Kinderzimmer Farben finden – mit allem, was rot ist, wird jetzt gespielt.

### Übungen für den Gleichgewichtssinn (vestibulär)

Motivieren Sie Ihr Kind zum Schaukeln und Wippen, denn durch die Kopfbewegungen wird das Gleichgewichtsorgan im Innenohr angeregt.

Fahrrad fahren, Rollschuh laufen oder sich sanft in einer Hängematte wiegen fördern ebenfalls den Gleichgewichtssinn.

Kinder lieben es, sich zu drehen, Karussell zu fahren oder durch die Luft gewirbelt zu werden.

### Übungen für den Bewegungssinn (kinästhetisch)

Halten Sie ein Springseil an einem Ende fest und drehen Sie sich damit im Kreis. Ihr Kind soll nun immer über das vorbeifliegende Seilende springen.

Lassen Sie Ihr Kind seine Kraft testen. Wer gewinnt beim Armdrücken, wie viele Spaghettis kann man auf einmal zerbrechen und wie leicht lassen sich eine Tomate und eine Pellkartoffel zerquetschen?

Bei Spaziergängen gibt es jede Menge Möglichkeiten, den eigenen Körper zu erproben. Verändern Sie gemeinsam Ihren Laufstil, indem Sie zehn Schritte hüpfen, zehn Schritte schleichen, zehn Schritte tanzen usw.

Letztlich geht es bei allen Übungen darum, die Sinne zu aktivieren und ganzheitliche Wahrnehmung zu schulen. Um sich die Integration oder Vernetzung der Sinne besser vorstellen zu können, sind sinnübergreifende Fragen und Spiele hilfreich:

- Wie hört sich Gestank an?
- Wie fühlt sich Ärger an?
- Wie sieht salzig aus?
- Wie klingt rennen?

### Übung zur Integration der Sinne

Spielen Sie mit mehreren Kindern. Jedes bekommt einen Apfel derselben Sorte und soll ihn gründlich erforschen. Wie sieht er aus? Wie riecht er? Wie fühlt er sich an? Wie schwer ist er? Wo sind seine Besonderheiten? Wie könnte er heißen?

Dann werden die Äpfel »gemischt« und in der Mitte des Tisches gesammelt. Wer erkennt seinen Apfel wieder? Zur Belohnung dürfen dann die Kinder ihren Apfel essen.

## NEUGIER UND INTERESSE WECKEN

Gesunde Kinder sind vom ersten Tag ihres Lebens an neugierig. Schnell folgen ihre Augen jeder Bewegung und sobald sie körperlich dazu in der Lage sind, wollen sie alles anfassen und genau untersuchen. Besonders deutlich wird ihre Wissbegier, wenn sie eine Frage nach der anderen stellen.

Gerade im Vorschulalter entwickeln Kinder großes Interesse an der Natur, experimentieren gerne und versuchen, technische Abläufe zu verstehen. Sie gestalten ihre Spielwelten nach eigenen Erfahrungen und Ideen, erfinden Neues und erleben sich als Forscher und Erfinder.

Doch Kinder entwickeln sich nicht in einem »luftleeren« Raum. Sie brauchen ihre Eltern und andere Menschen, die an ihrem Tun Anteil nehmen und sie beim Lernen unterstützen. Der Impuls, etwas Neues zu erforschen, kommt vom Kind selbst. Die Erwachsenen sollten diesen Impuls durch ihr Interesse und ihre Aufmerksamkeit unterstützen.

Kinder benötigen vor allen Dingen den Austausch mit den Eltern, um ihre Fragen stellen zu können, Probleme zu erkennen und gemeinsam nach Lösungen zu suchen. Die Ergebnisse ihrer Forschungen müssen sie mitteilen können, um das Erfahrene verstehen und einordnen zu können.

Die Aktivität der Kinder erfordert ein Ventil, damit sie in Freude, Zuversicht und einem wachsenden Selbstbewusstsein mündet. Erst durch positives Feedback, Ansporn und Anerkennung entwickeln Kinder Durchhaltevermögen und die Fähigkeit zur Konzentration. Je länger sie sich mit einer Sache beschäftigen, desto mehr werden ihnen Zusammenhänge und Gesetzmäßigkeiten verständlich; sie lernen dabei, ihre Erfahrungen auch auf andere Bereiche zu übertragen.

Kinder brauchen Aha-Effekte. Das bedeutet: Neues Wissen knüpft idealerweise an schon vorhandenes Wissen an und schließt damit eine Verständnislücke. Solche Wissenssprünge werden begleitet von Wohlbefinden und Befriedigung. Wenn die eigenen Anstrengungen und Überlegungen zu einem Ergebnis führen, verbindet das Kind Konzentration mit einem Glücksgefühl. So besetzen Kinder konzentriertes Arbeiten mit positiven Gefühlen.

## Das Telefon, der Bindfaden und die Schallwellen

Fragen Sie Ihr Kind doch einmal, wie Geräusche zustande kommen. Wie kommt es, dass sie das Telefon, den Staubsauger, die Müllabfuhr oder ein Flugzeug hören können? Sie werden erstaunt sein, was für vielfältige Erklärungen Kindern dazu einfallen. Auf jeden Fall ist nun ihr Interesse geweckt, dieser Frage auf den Grund zu gehen.

Geräusche werden durch Schallwellen übertragen. Diese Tatsache können Kinder eindrucksvoll an einem selbst gebastelten Telefon erleben. Verschließen Sie jeweils ein Ende von zwei leeren Klopapierrollen mit Papier. Bohren Sie in das Papier ein Loch und verbinden Sie die beiden mit einem mehrere Meter langen, straff gespannten Bindfaden. Schicken Sie Ihr Kind nun in ein anderes Zimmer und versuchen Sie, sich zuerst ohne das Telefon zu unterhalten. Das ist ein ziemliches Geschrei. Nehmen Sie jetzt aber das neue Telefon zur Hilfe, wird Ihr Kind erstaunt bemerken, wie viel besser Sie sich verstehen können.

Benutzen Sie doch das selbst gebaute Telefon auch gelegentlich im Alltag. Welches Kind wird nicht gerne damit zum Essen gerufen oder sogar morgens geweckt?

Je häufiger Themen im Alltag eines Kindes wiederkehren, desto eher lässt es sich für sie begeistern. Im Winter ist es eben einfach interessanter zu erfahren, wie eine Heizung funktioniert, als im Sommer, weil man sie dann auch wirklich benutzt. Mit der Herstellung von Eis hingegen beschäftigen sich Kinder lieber im heißen Sommer.

## Fremde Kulturen entdecken

Da die Fähigkeit, sich zu konzentrieren, immer auch von der Motivation und dem Interesse eines Kindes abhängt, ist es sinnvoll, neue Inhalte möglichst vielfältig und spannend zu präsentieren. Durch das Einbetten von Informationen und Lerninhalten in einen Gesamtzusammenhang werden verschiedene Lernebenen angesprochen und das Erfahrene besser reflektiert und verarbeitet.

Kinder lernen dadurch, dass Themen stets mehrere Dimensionen haben und nicht nur über einen Lernkanal erfahren werden können. Sie hören einer Geschichte nicht nur zu, sondern spielen diese z. B. nach und entwickeln dazu eigene Ideen. So lässt sich ihre Konzentrationsfähigkeit verlängern, indem man Neugier und Interesse wachhält.

## Frühstück in Amerika

Die Entdeckung fremder Kulturen eröffnet Kindern neue Welten. Stellen Sie einen ganzen Tag unter das Motto eines fremden Landes. Dazu eignet sich am besten das Wochenende, denn es ist schön, wenn die ganze Familie mitspielen kann.

Schon morgens werden die Kinder in einer fremden Sprache, es kann auch eine Fantasiesprache sein, geweckt. Sie erhalten von ihren Eltern einen ausländischen Pass und Namen, z. B. aus Amerika. Beim Frühstück stellen sich dann alle Familienmitglieder mit ihrem neuen Namen vor und erzählen, wer sie sind. Vielleicht möchte einer der amerikanische Präsident, ein anderer lieber ein bekannter Popstar und der dritte Schauspieler sein?

Der ganze Tag wird nun möglichst amerikanisch. Stellen Sie fest, was Ihre Kinder mit diesem Land verbinden. Schauen Sie sich gemeinsam ein Buch über Amerika an, planen Sie eine Reise dorthin oder erzählen Sie von »Ihrer Ranch« in Texas. Kochen Sie ein typisch amerikanisches Mittagessen, und vielleicht will Ihr Sohn an diesem Tag unbedingt sein Cowboy-Kostüm tragen? Je länger Sie das Spiel gemeinsam durchhalten, desto besser.

Kinder brauchen Anregungen, mit denen sie sich auseinander setzen können. Befriedigte Neugier und gestilltes Interesse erweitern den Wissensschatz und machen wiederum Lust auf Neues. Wissen führt auch dazu, dass Kinder ihre Umwelt immer besser verstehen.

Wenn ein Kind keine Anregungen erhält, verkümmern seine Fähigkeiten und es verliert nach und nach das Interesse an seiner Umgebung. Doch es dauert lange, bis es tatsächlich so weit kommt. Im Alltag zeigen Kinder sehr deutlich, was sie sich von ihren Eltern wünschen, sodass ihr natürlicher Drang nach Beschäftigung leicht zu befriedigen ist.

**Fazit:** Für die Entwicklung einer guten Konzentrationsfähigkeit sind Interesse und Neugier anfangs sehr wichtig. Wenn es dem Kind nach einer Weile gelingt, sich mit spannenden Themen über einen längeren Zeitraum aufmerksam zu beschäftigen, dann wird es nach und nach seine Konzentrationsspanne auch bei uninteressanteren Themen erweitern können.

Alltagsphänomene sind gut geeignet, um das kindliche Interesse zu wecken. Doch Achtung: Geben Sie Ihrem Kind keine Lösungen vor, sondern helfen Sie ihm dabei, selbst Antworten auf seine Fragen zu finden. Nur selbst gefundene Lösungen machen glücklich und steigern das Selbstbewusstsein. Solche Erfolgserlebnisse motivieren Kinder dazu, ihre Neugier auch weiterhin zu befriedigen. Je mehr Lob und Anerkennung sie für ihre Anstrengungen von den Eltern bekommen, desto eher werden sie dieses erwünschte Verhalten auch weiterhin zeigen.

## BEWEGUNG UND RUHE

Kinder sind den Bedürfnissen ihres Körpers noch weitgehend ausgeliefert. Wenn sie Hunger haben, wirkt sich das direkt auf ihr Verhalten aus: Sie unterbrechen ihr Spiel und begeben sich auf die Suche nach etwas Essbarem. Um sich gut konzentrieren zu können, müssen solche Bedürfnisse möglichst schon im Vorfeld befriedigt werden. Mit leerem Magen oder erschöpft und müde ist konzentriertes Arbeiten für Kinder kaum zu leisten.

Ein ebenso starker Impuls wie Hunger und Durst ist bei Kindern der Bewegungsdrang. Es fällt ihnen schwer, über einen längeren Zeitraum stillzusitzen. Wird dies von ihnen verlangt, so beginnen sie nach kurzer Zeit zu zappeln, auf dem Stuhl herumzurutschen oder zu kippeln. Bei Gesellschaftsspielen kann man das besonders gut beobachten, denn jedes Vorschulkind wird dabei früher oder später unruhig. Ist dieser Punkt erreicht, kann das Kind sich nur noch schlecht auf das Spiel konzentrieren. Jetzt noch weiterzumachen, wäre für Eltern und Kind eine große Anstrengung. Nach einer kurzen Bewegungspause kann das Spiel jedoch in aller Regel fortgesetzt werden.

Umgekehrt aber können Kinder auch nicht den ganzen Tag herumrennen und herumspringen. Irgendwann sind ihre Kräfte erschöpft, sie brauchen Ruhe und Erholung, um wieder leistungsfähig zu werden. Grundlage für eine gute Konzentrationsfähigkeit ist daher ein ausgewogenes Verhältnis von Bewegungs- und Ruhephasen.

Bewegung gibt Sicherheit im Umgang mit dem eigenen Körper, für Koordination, Ausdauer und Reaktionsvermögen, für den Umgang mit Materialien, anderen Menschen und der Umwelt. Ruhe ist aktive Entspannung. Beides gezielt anzuwenden und einzusetzen, können Kinder lernen. Was bedeutet das für den Alltag?

Heute haben immer mehr Kinder Schwierigkeiten damit, zur Ruhe zu kommen. Zum einen toben sie sich oft nicht mehr richtig aus, weil die Zeit und die Möglichkeiten dazu rar sind. Zum anderen fehlt ihnen auch eine gewisse Portion gesunder Langeweile, die sie zu einer aktiven Entspannungstätigkeit wie Malen oder einem Bilderbuch greifen lässt.

Viel einfacher und leichter ist es, sich passiv beschäftigen zu lassen. Die vordergründig ruhigen Tätigkeiten wie Fernsehen oder Computerspielen beanspruchen ein Kind jedoch auf der emotionalen Ebene so sehr, dass es sich nicht wirklich entspannt. Während einer Fernsehsendung ist es mit der Verarbeitung der gesehenen Inhalte mehr oder weniger intensiv beschäftigt, und auch die Bedienung eines Computerspiels oder einer Spielkonsole ist emotional oft sehr aufregend. Die Kinder sitzen zwar äußerlich ruhig vor dem Bildschirm, innerlich sind sie jedoch involviert und angespannt. Sie fiebern bei den Geschichten mit. Zum Ausruhen und Entspannen sind solche Unterhaltungsmedien also nicht geeignet. Sie fordern eher Konzentration, als dass sie den Weg dorthin ebnen.

Bewegung ist durch körperliche Anstrengung geprägt, Ruhezeiten dagegen sollten Körper und Geist entspannen, um wieder aufnahmebereit für neue Inhalte zu werden. Dazu gehören auch geregelte Schlafenszeiten, auf die sich der Körper einstellen und weitgehend verlassen kann.

Kinder benötigen also ein ausgewogenes Verhältnis von Bewegung und Ruhe, um zu innerer Ausgeglichenheit zu kommen, die es ihnen erlaubt, sich über einen längeren Zeitraum zu konzentrieren. Um dieses Ziel zu erreichen, sind sie auf die Unterstützung der Erwachsenen angewiesen. Ein ausgelebter Bewegungsdrang ebnet den Weg zu konzentriertem Arbeiten. Nach solchen intensiven Konzentrationsphasen braucht jedes Gehirn eine Pause, genauso wie der Sportler sich nach einem Sprint ausruhen muss.

## Bewegungsspiele

Kinder lieben es, herumzutollen und die Möglichkeiten ihres Körpers zu erproben. Es ist nicht schwer, sie zu Bewegungsspielen zu motivieren. Dabei geht es aber nicht um hemmungsloses Toben, sondern um das Ausprobieren des eigenen Körpers und der individuellen Grenzen.

### Luftballonspiel

Ein aufgeblasener Luftballon wird in die Luft geworfen und muss dort so lange wie möglich bleiben. Er kann mit allen Körperteilen berührt werden, nur auf den Boden fallen darf er nicht (ab einem Spieler).

### Disco-Statuen

Alle tanzen zur Musik. Sobald die Musik stoppt, muss jeder in seiner augenblicklichen Position verharren, egal, wie merkwürdig sie auch ist, und darf sich nicht mehr bewegen. Welche »Statue« sich zuerst rührt, scheidet aus dem Spiel aus (ab zwei Spielern).

### Bewegungsgeschichte

»Wolfi ist ein kleiner Dackel. Er liebt Hundekuchen und lange Spaziergänge. An jeder Straße bleibt Wolfi stehen und schaut nach links und nach rechts. (Die Kinder schauen nach links und nach rechts.) Im Wald darf er ohne Leine richtig schnell rennen. (Die Kinder trampeln auf der Stelle.) Er springt über Steine und Äste, rennt vor und zurück – plötzlich hebt er den Kopf und schnuppert aufgeregt. (Die Kinder springen, rennen vor und zurück und schnuppern heftig.) Ganz vorsichtig schleicht sich der kleine Hund an eine Baumgruppe heran und bleibt stehen. (Die Kinder schleichen sich leise heran.) Seine knubbelige Nase zittert im Wind, während sich seine braunen Schlappohren nach oben klappen und er aufmerksam den Waldgeräuschen lauscht. (Die Kinder versuchen aufmerksam auszusehen.) Plötzlich hört er ein Geräusch und springt erschrocken ein Stück zurück. (Die Kinder springen zurück). Nach einer Weile traut sich der kleine Hund aber wieder mehr zu. Neugierig läuft er in einem weiten Bogen um den Baum herum und wagt einen mutigen Blick. (Die Kinder laufen einen Bogen.) Was er da sieht, lässt ihn laut losbellen – ein Vogelnest mit frisch geschlüpften Vogelbabys liegt auf dem Waldboden. (Die Kinder bellen.) Plötzlich kommt eine große Amsel angeflogen und landet im Nest. (Die Kinder flattern mit den Armen wie mit Flügeln.) Dann beginnt die Amsel laut zu schimpfen (die Kinder versuchen wütende Amselgeräusche nachzumachen), der kleine Dackel Wolfi nimmt schnell Reißaus und versteckt sich hinter dem nächsten Busch. (Die Kinder rennen alle weg und verstecken sich.) Obwohl die Amsel viel kleiner als der Hund ist, hat sie ihm richtig Angst gemacht. Schnell rennt er zu seinem Herrchen zurück und begrüßt ihn mit freudigem Schwanzwedeln. (Die Kinder legen sich auf die Seite und wackeln mit einem Bein.)

### Entspannungsspiele

Neben der aktiven Entspannung durch ruhige Beschäftigungen wie puzzeln, malen oder Bilderbücher ansehen, sind Kinder sehr offen gegenüber angeleiteten Entspannungsgeschichten.

Gerade im Vorschulalter ist es hierbei wichtig, dass die Geschichten mit gut vorstellbaren Bildern angereichert sind. Je anschaulicher etwas erzählt wird, desto leichter fällt es den Kindern, sich auf die Handlung einzulassen und ihre eigenen Vorstellungen zu entwickeln. Ohne die Anleitung eines Erwachsenen sind sie in diesem Alter jedoch dazu noch nicht in der Lage.

### Wachsender Ballon

Die Kinder stellen sich vor, sie wären ein Luftballon, der langsam aufgeblasen wird. Zu Beginn des Spiels sitzen sie zusammengekauert auf dem Fußboden. Mit jedem Atemzug werden sie ein wenig größer und richten sich nach und nach auf. Zuletzt strecken sie die Hände in die Luft und machen sich so groß wie möglich.

### Zauberhandschuhe (Fantasiereise)

»Schließ die Augen und setz dich ganz bequem hin. Stell dir nun vor, ein Zauberer kommt vorbei und schenkt dir seine Handschuhe. Es sind Zauberhandschuhe und du ziehst sie ganz vorsichtig an. Aus welchem Material sind sie? Welche Farbe haben sie? Sind sie eng oder vielleicht zu weit?

Reibe nun deine Hände dreimal aneinander. Jetzt stehst du in einem Märchengarten. Spürst du das Gras unter deinen Füßen und die wärmende Sonne am Himmel? Du hast viel Zeit, um im Garten herumzugehen, und kannst dir alles genau anschauen. Welche Farben haben die Märchenblumen und wie sehen die Bäume in diesem Garten aus? Sind sie grün? Und was für Früchte tragen sie?

Wenn du den Märchengarten gut erkundet hast, ziehst du die Handschuhe wieder aus und legst sie neben dich. Dann öffnest du langsam die Augen.«

## GEDÄCHTNISTRAINING

Ein gutes Gedächtnis ist eine wichtige Grundlage für die Konzentrationsfähigkeit. Wer sich viele Dinge merken kann, der erweitert sein Wissensspektrum von der Welt schneller als jemand, der wenig Anregung bekommt und Neues leicht vergisst.

Neue Informationen werden im Gehirn mit bereits bekannten Inhalten verglichen und diesen dann zugeordnet. Je mehr Bekanntes also im Gehirn vorhanden ist, desto schneller und leichter können Verknüpfungen gebildet werden.

Kinder besitzen noch sehr viele Nervenzellen, deren Zahl sich im Laufe des Lebens verringert. Das liegt daran, dass sich zwischen manchen dieser Neuronen Verbindungen festigen und immer stärker ausbauen, andere jedoch absterben.

Je mehr »Nahrung« das Gehirn bekommt und je effektiver es diese abspeichern kann, desto besser kann es sich entwickeln. Für Kinder ist dies alles eine spielerische Angelegenheit, denn Lernen gehört zu ihrem Alltag. Vieles nehmen Sie ganz nebenbei auf, je nachdem, was die Umwelt ihnen präsentiert. Mit den folgenden Übungen können Sie Ihrem Kind helfen, sein Gedächtnis zu trainieren.

### Die Rumpelkammer

Erzählen Sie Ihrem Kind die folgende Geschichte und fragen Sie es anschließend, wie viele Gegenstände es behalten hat. Warten Sie bis zum Abend dieses Tages und fragen Sie Ihr Kind vor dem Schlafengehen erneut, an was es sich noch erinnern kann. So wird nicht nur das Kurzzeit-, sondern auch das Langzeitgedächtnis gefördert.

»Stell dir vor, hinter deinem Kleiderschrank wäre eine versteckte Tür. Wenn du sie öffnest, siehst du eine Rumpelkammer. Hinten an der Wand steht ein altes Regal. Auf dem obersten Brett liegt ein kleiner roter Fahrradhelm, daneben steht ein gelbes Puppenbett, noch tiefer findest du eine blaue Kiste voller Legosteine, daneben stehen ein paar grüne Gummistiefel. An dem Regal lehnt ein verrosteter Roller mit kaputten Gummireifen. Vor dem Regal liegt ein zusammengefaltetes Indianerzelt.«

### Fehlt hier was?

Inspizieren Sie mit Ihrem Kind sein Zimmer. Schauen Sie sich gemeinsam alles gut an und benennen Sie die einzelnen Gegenstände. Schicken Sie nun Ihr Kind vor die Tür und nehmen Sie drei Gegenstände weg. Bitten Sie Ihr Kind wieder herein und fragen Sie es, was wohl fehlt. Wechseln Sie danach die Rollen und lassen Sie Ihr Kind drei Dinge verstecken. Nun ist Ihr Gedächtnis gefragt!

### Lügengeschichte – was stimmt hier nicht?

Lesen Sie Ihrem Kind die Geschichte vor. Es soll genau hinhören und immer, wenn eine Lüge auftaucht, sagen: »So ein Quatsch!«

»Um sieben Uhr morgens klingelt der **Turnschuh** laut neben Vincents Hochbett. Schnell zieht er sich an: **erst die Schuhe**, dann die Hose, dann die Strümpfe und zuletzt einen Pullover. Voller Tatendrang **fährt er mit seinem Auto** in die Küche. Vincent will ganz alleine ein tolles Frühstück für seine Mami machen, die heute Geburtstag hat und **zwölf Jahre** alt wird. Schnell steckt er das Toastbrot in den **Eierkocher**.

Dann zählt er an seinen Fingern ab, wie viele Teller und Tassen auf den Tisch müssen. Mami, Vincent, Papi, Kai und Florian, seine kleinen Geschwister – eine Hand voll. Er stellt also **zehn Teller und zehn Tassen** auf den Esstisch. Den Platz seiner Mutter schmückt er mit einem kleinen Blumenstrauß, den er aus dem **Staubsauger** von der Fensterbank im Wohnzimmer genommen hat.

Aus dem **heißen Ofen** holt er schließlich Butter, Käse, Wurst und Marmelade, die er sorgfältig auf verschiedene kleine Tellerchen verteilt. Er stellt einen **Korb** mit Wasser auf den Herd und wartet, bis es kocht. Dann legt er vorsichtig die fünf Eier mit einem **Bagger** hinein, damit sie nicht zerbrechen. Die Eieruhr stellt er auf **50 Minuten** und wartet gespannt ab, bis sie klingelt. Zum Schluss gießt er das **eiskalte** Wasser ab, wickelt die Eier in ein Handtuch, damit sie warm bleiben, und legt sie vorsichtig ins **Tiefkühlfach**. Stolz blickt Vincent auf sein Werk.«

### Krimskrams-Kiste

Füllen Sie gemeinsam eine große Kiste mit allerlei Dingen aus dem Kinderzimmer und aus der Wohnung. Verschließen Sie diese Kiste dann, sodass niemand mehr sehen kann, was drin ist. Nun darf jeder Mitspieler der Reihe nach einen Gegenstand aus der

Kiste nennen. Befindet sich dieser Gegenstand wirklich in der Kiste, erhält ihn der Spieler. Dann ist der nächste dran. Wird ein falscher Gegenstand genannt, bekommt dieser Mitspieler nichts aus der Kiste und der nächste ist an der Reihe.

Es wird so lange gespielt, bis die ganze Kiste leer ist oder niemandem mehr etwas einfällt. Gewonnen hat, wer die meisten Gegenstände hat.

## Theaterspiel – Personen raten

Abwechselnd stellen die Mitspieler eine Person aus ihrem Freundes- oder Bekanntenkreis dar. Das können andere Kinder sein, aber auch die Oma oder ein Onkel, den alle kennen. Dabei müssen sich die Kinder sehr darauf konzentrieren, welche besonderen Eigenschaften die Person hat. Natürlich darf der Name dieser Person nicht genannt, wohl aber alle seine markanten und bekannten Eigenheiten dargestellt werden. Will der Gemeinte immer Fußball spielen? Trägt er gerne einen Hut oder isst er am liebsten Schokolade? Wer das Rätsel löst, hat gewonnen.

## So quiekt die Maus

Bei dieser Geschichte sollen alle, die mitspielen, die Tierstimmen der jeweils auftretenden Tiere nachmachen. Die Kinder müssen dabei gut aufpassen, wann welches Tier an der Reihe ist.

»Sven und Katja gehen am Wochenende immer gerne mit ihrem Vater in eine große Tierhandlung. Dort gibt es so viel zu sehen, und manche Tiere kann man sogar streicheln.

Gleich im Eingangsbereich steht ein ganz großes Aquarium mit dicken weißen **Fischen**. Die kommen aus Japan und sind sehr teuer. Ein Stückchen weiter ist die **Hunde**-Abteilung. Dort gibt es Leinen, Futter in riesigen Säcken und jede Menge Spielzeug. Daneben stehen die Kratzbäume für die **Katzen** und schöne weiche Fellkissen zum Hineinkuscheln.

Am schönsten finden die beiden Kinder jedoch die Reptilienabteilung. In einem großen Terrarium hockt ein roter **Frosch**, den sie Petrus getauft haben. Er lebt dort gemeinsam mit zwei grünen **Riesengrillen**, die meist bewegungslos auf einer Pflanze sitzen.

Drei gläserne Behausungen weiter schlängeln sich grüne **Schlangen** durch heißen Wüstensand auf der Suche nach Nahrung. Im nächsten Gang stehen zwei Meter hohe Volieren, in denen bunte kleine und große **Vögel** zwitschern und einen unglaublichen Lärm veranstalten. Zum Abschied laufen sie an den niedlichen **Wüstenmäusen** in ihren großen Gitterkäfigen vorbei, die immer laut quiekend ihren Nachwuchs verteidigen.«

## SELBSTBEWUSSTSEIN

Selbstsichere Kinder können sich besser konzentrieren. Ein Kind, das ständig unsicher ist, muss dagegen viel Energie darauf verwenden, sich zu überlegen, was andere wohl von ihm halten. Anstatt sich in seine Aufgabe zu vertiefen, vergewissert es sich immer wieder, ob alles in Ordnung ist. Es beobachtet die anderen Kinder und versucht, sich an deren Verhalten anzupassen, anstatt seinen eigenen Weg zu finden. Unsichere Kinder fragen immer wieder nach, bevor sie sich für etwas entscheiden. Welche Farbe soll ich nehmen? Welches Buch soll ich mir ansehen? Was soll ich jetzt machen?

Oft steckt hinter diesem Verhalten ein schwach ausgeprägtes Selbstbewusstsein. Für die Konzentrationsfähigkeit kann das blockierend wirken, denn diese Kinder sind nur schwer in der Lage, ihre ganze Energie auf ein Ziel zu lenken. Mit einem Ohr oder einem Auge versuchen sie stets zu überprüfen, ob sie auch alles richtig machen. Mit kontinuierlichem Lob und durch stetige Anerkennung ihrer Bemühungen kann das Selbstbewusstsein unsicherer Kinder schrittweise aufgebaut werden.

Sie sollen lernen, sich auf ihre eigenen Fähigkeiten zu verlassen und mutiger zu werden. Dazu brauchen sie Erfolgserlebnisse und viel Motivation und Unterstützung von ihren Eltern. Jedes Kind hat besondere Fähigkeiten, die es zu erkennen und im Alltag hervorzuheben gilt. Je bewusster sich ein Kind seines Könnens ist, desto leichter fällt es ihm auch, Fehlentscheidungen wegzustecken und sich neuen Aufgaben konzentriert und voll Selbstvertrauen zu widmen.

## Mein Name bin ich

Bevor ein Kind auf die Welt kommt, gibt es meist lange und heftige Diskussionen darüber, wie es denn eigentlich heißen soll. Ist der Name einmal gefunden, wird er aber schnell zur Selbstverständlichkeit. Dabei ist der Name eines Menschen eines seiner ganz besonderen Kennzeichen und verdient es, immer mal wieder hervorgehoben zu werden.

Mit einer Namenscollage, die als Erkennungszeichen an die entsprechende Zimmertür gehängt werden kann, erhält der Kindername eine besondere Bedeutung. Besorgen Sie für jedes Kind weiße Pappe und jede Menge Dekorationsmaterial. Vielleicht sind noch Sternenstaub von der Weihnachtsdekoration übrig, Blätter und Tannenzapfen aus dem Wald, alte Hochglanzkataloge und Zeitschriften oder auch aussortierte Fotos. Mithilfe von Klebstoff und Buntstiften können daraus ganz individuelle Namens-Kunstwerke geschaffen werden.

## Ich bin stark wie ein Baum

Selbstbewusstsein und Selbstvertrauen sind auch an der Körperhaltung eines Kindes abzulesen. Eine geringe Muskelspannung und ein krummer Rücken signalisieren Schwäche. Je sicherer, stärker und wohler sich ein Kind in seinem Körper fühlt, desto aufrechter steht es und desto schwerer ist es aus dem Gleichgewicht zu bringen. Die folgende Übung dient dazu, sich der Stärke des eigenen Körpers besser bewusst zu werden.

»Bitte stell dich in die Mitte des Zimmers und lass deine Arme locker an dir herunterhängen. Mach die Augen zu und stell dir vor, du wärst ein Baum. Was für ein Baum möchtest du sein? Bist du ein Laubbaum oder ein Nadelbaum? Sind deine Blätter grün oder haben sie sich schon braun gefärbt?

Dein Kopf ist die Baumkrone, sie streckt sich aufrecht dem Himmel entgegen. Deine Arme sind die Äste, sie tragen Blätter und Früchte und schaukeln leicht im Wind. Dein Körper ist der Baumstamm, er ist stabil und fest, niemand kann ihn zur Seite schieben. Deine Füße sind die Baumwurzeln. Sie reichen bis weit in die Erde hinein, auf der Suche nach Wasser. Spürst du die Stärke und Festigkeit, die die Wurzeln und der Stamm dir geben? Spürst du, wie die Sonne und die Feuchtigkeit aus deinen Wurzeln dich wachsen lassen? Du wirst immer größer.

Mach nun die Augen wieder auf und erzähl mir, wie du dich als Baum gefühlt hast.«

## ORDNUNG UND RITUALE

Kinder und Erwachsene brauchen in ihrem Leben Ordnung und Strukturen, an denen sie sich orientieren können. Schon Babys entwickeln sich besser, wenn ihr Alltag durch regelmäßige Essens- und Schlafenszeiten strukturiert wird. Um sich besser auf bestimmte Situationen einzustimmen, sind Rituale gerade bei Kindern besonders hilfreich. Sie vermitteln ihnen Sicherheit und Vertrauen, sodass sie sich auf die anstehenden Aufgaben besser einlassen können.

Rituale werden genutzt, um schwierige Situationen zu meistern oder einfach nur, um den normalen Alltag in überschaubare Abschnitte zu gliedern. Je persönlicher Rituale gestaltet werden, desto nutzbringender und hilfreicher sind sie für das einzelne Kind.

### Mein Mut-Stein

Viele Kinder sind in neuen und unbekannten Situationen ängstlich. Sie wissen nicht, was auf sie zukommt, und trauen ihren eigenen Fähigkeiten nicht. Manchmal hilft dagegen ein Talisman, der in solch schwierigen Situationen Mut macht. In der Hosentasche versteckt, kann das Kind ihn als wiederkehrendes Ritual jederzeit mit der Faust umschließen, ohne dass dies jemand bemerkt.

Solch ein Talisman kann z. B. ein schöner Stein sein, den das Kind auf einem gemeinsamen Spaziergang gefunden und später zusammen mit seinen Eltern bunt bemalt und lackiert hat. Vielleicht ist es aber auch eine besonders schöne Kastanie oder ein kleines Stofftier. Das Kind verbindet seinen Talisman mit einem schönen Erlebnis, denkt dabei an eine positive Situation und fühlt sich so sicherer und mutiger. Gerade für den ersten Schultag sind solche Mutmacher gut geeignet, um der ungewohnten Situation besser begegnen zu können.

Auch Ordnung ist eine wichtige Rahmenbedingung für konzentriertes Arbeiten, denn je weniger ein Kind durch innerliche und äußerliche Unordnung abgelenkt wird, desto leichter fällt es ihm, ganz bei der Sache zu sein.

### Aufräumen mit System

Spätestens bei der Einschulung müssen Kinder sich mit dem Thema Ordnung befassen. Schließlich wird in der Schule verlangt, dass zu den verschiedenen Unterrichtsfächern immer die entsprechenden Materialien mitgebracht werden. Auch der Ranzen muss aufgeräumt und die Turnschuhe müssen für den Sportunterricht greifbar sein. Schon rechtzeitig sollte Ihr Kind daher die Gelegenheit erhalten, sich mit einem Ordnungssystem vertraut zu machen. Das Kinderzimmer ist dafür ein wunderbares Übungsfeld.

Entwickeln Sie mit Ihrem Kind gemeinsam einen praktikablen Plan. Geben Sie Ihrem Kind genügend Zeit, diesen Ordnungsplan zu verstehen und nach und nach auch anzuwenden. Ordnung zu halten ist sehr schwierig, denn die Aufmerksamkeit muss dabei von dem einzelnen Spielzeug auf die Gesamtheit der zur Verfügung stehenden Materialien gerichtet werden. Hilfreich sind z. B. bunte stapelbare Kisten oder Kartons, die jeweils einer Art von Spielzeug zugeordnet sind. Die Puppen kommen in die gelbe Kiste, die Autos in die blaue und die Bauklötze in die rote.

Helfen Sie Ihrem Kind zu erfahren, dass man sich auf ein neues Spiel besser konzentrieren kann, wenn das alte nicht auch noch auf dem Fußboden herumliegt. Bestehen Sie stets liebevoll und konsequent darauf, gespielte Spiele erst wegzuräumen, bevor ein neues aufgebaut wird. Werden Sie nicht ärgerlich, wenn dies nicht gleich klappt, sondern loben Sie Ihr Kind für sein Bemühen.

### Ein Schreibtisch für das Kindergartenkind?

Nicht erst für ein Schulkind ist ein eigener Schreibtisch eine sinnvolle Anschaffung. Auch jüngere Kinder schätzen es sehr, einen aufgeräumten und gut beleuchteten Platz zu haben, an dem sie malen oder basteln können. Wenn ein Kind schon früh daran gewöhnt wird, dass sein Schreibtisch ein Ort der Ordnung, Ruhe und Konzentration ist, wird es später auch keine Probleme damit haben, dort aufmerksam seine Hausaufgaben zu erledigen.

**Fazit:** Damit sich Kinder gut konzentrieren können, müssen verschiedene Komponenten ineinander greifen. Körperliches und seelisches Wohlbefinden sowie ein gesteigertes Interesse und entsprechende kognitive Fähigkeiten erleichtern aufmerksames und konzentriertes Arbeiten. Schlafmangel, eine unordentliche oder gar chaotische Umgebung und Reizüberflutung dagegen behindern es.

Der Kontakt zu Gleichaltrigen fördert das Sozialverhalten und schafft Gelegenheiten, sich auszuprobieren und seine Stärken zu erkennen. Motivieren Sie Ihr Kind stets, Fragen zu stellen und sich mit Alltagsproblemen auseinander zu setzen. Belohnen Sie Durchhaltevermögen und loben Sie Ihr Kind für geleistete Anstrengungen. Die Anerkennung und Liebe der Eltern ist für jedes Kind ein enormer Antrieb, das gewünschte Verhalten auch weiterhin zu zeigen.

# Und Sie? Konzentration im Familienalltag

Kinder richten sich in ihrem Verhalten sehr stark nach den Eltern. Sie sind das erste Vorbild, an dem sie sich orientieren. Ihre Liebe und Anerkennung, aber auch ihre praktische Unterstützung bei der Bewältigung von Problemen ist für Kinder lebensnotwendig.

# 5. KAPITEL

Am Nachmittag möchte die Mutter mit den Zwillingen **Jakob** und **Samuel** (vier Jahre) und der sechsjährigen Schwester **Leonie** Geschenke für die Großeltern basteln.

Die Kinder wollen große weiße Kerzen mit bunten Wachsfiguren verzieren. Die Familie steht etwas unter Zeitdruck, da am frühen Abend noch ein Arbeitskollege vorbeikommen möchte. Außerdem haben sich die Zwillinge mal wieder gestritten und werfen sich böse Blicke zu. Die Mutter der drei Geschwister ist erkältet und fühlt sich müde und zerschlagen.

Leonie, die unheimlich gerne bastelt und sich schon seit Tagen darauf freut, Kerzen zu dekorieren, sitzt voller Erwartung am Tisch und hat sich bereits ein Muster ausgesucht. Jakob und Samuel streiten sich um ein rotes Stück Wachs, das ihre Mutter erst teilen muss, damit es losgehen kann.

Die beiden Jungen brauchen viel Unterstützung. Sobald ihre Mutter sich Leonie zuwendet, verlieren sie schnell die Lust, beginnen wieder zu streiten oder springen auf und rennen weg. Es kostet die Mutter viel Energie, die beiden Jungen länger als fünf Minuten am Tisch zu halten. Für die Tochter bleibt kaum Kraft übrig.

Nach kurzer Zeit ist Leonie enttäuscht und beginnt zu jammern: »Nie kümmerst du dich um mich! Wir wollten doch zusammen basteln.« Ihre Mutter fühlt sich zunehmend überanstrengt und ist ebenfalls enttäuscht. Von entspanntem Basteln keine Spur.

## EIN GUTER PLAN LÄUFT SCHIEF

Ein gemütlicher Bastelnachmittag kann sehr schön und harmonisch sein und das Zusammengehörigkeitsgefühl enorm stärken. Im Idealfall festigt er die Beziehung der Geschwister untereinander und schafft Platz für Kreativität und Konzentration. Die Kinder bekommen viel Zuwendung und werden gleichzeitig in ihrer Fantasie gefördert. Doch leider kommt es nicht selten vor, dass die geplante Aktion mit Frust endet. Was schief laufen kann, zeigt das obige Beispiel.

Die Voraussetzungen für den gemeinsamen Kreativtag sind nicht gut. Zum einen haben sich die Zwillinge heftig gestritten und noch nicht wieder vertragen, aufs Basteln können sie sich daher kaum konzentrieren. Ihr Streit schwelt weiter, sodass ihr Kopf gar nicht frei ist für die ruhige Beschäftigung am Wohnzimmertisch. Vor Beginn der Bastelei wäre es sinnvoll gewesen, diesen Konflikt zunächst zu beseitigen, denn nun stört er das gemeinsame Arbeiten.

Zum anderen ist auch die Mutter der Kinder gesundheitlich nicht ganz auf der Höhe, sodass es ihr schwer fällt, den Wünschen und Bedürfnissen aller Kinder gerecht zu werden. Wissend, dass später auch noch ein Kollege vorbeischauen wird, fühlt sie sich angespannt und unter Zeitdruck. Die Kinder spüren, dass ihre Mutter nicht hundertprozentig bei der Sache ist und bombardieren sie erst recht mit ihren Wünschen und Forderungen nach Aufmerksamkeit.

## ELTERN SIND KEINE ROBOTER

Für Eltern ist es grundsätzlich nicht leicht, die unterschiedlichen Ansprüche aller ihrer Kinder immer gerecht zu erfüllen. Besonders wenn mehrere Kinder da sind, muss jeder lernen, auch einmal zurückzustecken. Dabei geht es nicht nur um die Bedürfnisse der Kinder, sondern auch um die der Eltern. Kindererziehung ist Tag für Tag anstrengende Arbeit, da ist es verständlich, sich ab und zu müde und abgespannt zu fühlen. Vor allem, wenn gesundheitliche Probleme oder Belastungen am Arbeitsplatz hinzukommen.

Gerade jüngere Kinder gehen mit einer absoluten Selbstverständlichkeit davon aus, dass es die Aufgabe ihrer Eltern ist, rund um die Uhr für sie da zu sein. Sie müssen erst langsam lernen, dass auch die Eltern Pausen brauchen und nicht immer gesund und gut gelaunt sind. Kleine Kinder sind ja schließlich von Geburt an gewöhnt, im Mittelpunkt zu stehen. Das ist auch nicht falsch, denn Babys und Kleinkinder sind ohne die Unterstützung ihrer Eltern nicht lebensfähig. Mit der Zeit entwickeln sie sich aber weiter und sollten Schritt für Schritt lernen, ihre Eltern als selbstständige Personen mit eigenen Bedürfnissen und Wünschen zu sehen und zu akzeptieren.

Die Anforderungen an die Mutter im obigen Beispiel sind sehr unterschiedlich und nur mit größter Konzentration zu erfüllen. Zu den komplizierten Anfangsbedingungen gesellt sich ihre eigene Unruhe und die Befürchtung, für den Besuch des Arbeitskollegen nicht genug Zeit zu haben. Anstatt die schwierige Geschwisterkonstellation mit voller Aufmerksamkeit zu lenken, ist sie unkonzentriert, abgelenkt und selbst nicht ganz bei der Sache. Hier treffen viele Faktoren aufeinander, sodass der ursprüngliche Plan leider nicht aufgeht. Sowohl die Mutter als auch die Kinder sind aufgrund der unglücklichen Rahmenbedingungen überfordert.

## EINMAL IST KEINMAL

Dass der Bastelnachmittag abgebrochen wurde, ist kein Beinbruch und sollte die Familie auf keinen Fall davon abhalten, einen neuen Versuch zu starten. Wenn sich die Wogen etwas geglättet haben, ist der richtige Zeitpunkt, mit den Kindern über das Geschehene zu sprechen. Vielleicht beim gemeinsamen Abendessen oder kurz vor dem Zubettgehen sollte jeder einen Vorschlag machen, wie es beim nächsten Mal besser gehen könnte. Am sinnvollsten ist es, die Familie legt sofort gemeinsam einen neuen Termin fest, an dem der abgebrochene Bastelnachmittag wiederholt werden soll.

Die Kinder lernen dadurch, dass Konflikte normal sind und nicht als endgültiges Scheitern betrachtet werden müssen. In einem ruhigen Gespräch ergibt sich sicher auch eine Gelegenheit für die Mutter, ihre eigene angespannte Situation zu erklären. Je mehr die Kinder über den Grund der Streitigkeiten nachdenken, desto wahrscheinlicher werden auch sie solche Eskalationen in Zukunft zu vermeiden wissen.

Auf jeden Fall ist es wichtig, dass der Nachmittag nicht mit einem Schweigen abgetan wird. Sollte sich kein neuer gemeinsamer Termin finden lassen oder die Kinder dies nicht wollen, sollten trotzdem alle die Gelegenheit erhalten, das Kerzenprojekt mit ihrer Mutter durchzuführen. Notfalls eben in kürzerer Zeit und jeder für sich alleine.

## IN EINER FAMILIE ZÄHLT JEDER EINZELNE

An dem Beispiel des Bastelnachmittags wird deutlich, dass das Gelingen eines Vorhabens nicht nur von einer Person, sondern von allen Beteiligten abhängt. Je nachdem, was der Einzelne für Wünsche und Vorstellungen hat, wie er sich fühlt und was er erreichen möchte, beeinflusst er auch die anderen.

Gerade in einer Familie ist es unumgänglich, jeden Einzelnen auch im Kontext seines Umfeldes zu sehen. Jedes Familienmitglied steht mit den anderen in einer engen Beziehung, sodass das Verhalten des Einzelnen eine Änderung im Gesamtsystem bewirkt. Auch wenn sich fünf Familienmitglieder darüber einig sind, einen schönen Herbstspaziergang unternehmen zu wollen, kann der sechste dieses Vorhaben durch sein Verhalten leicht boykottieren.

Um gemeinsam einen gelungenen Ausflug zu machen, müssen alle Beteiligten damit einverstanden sein. Fühlt sich nur einer übergangen oder ungerecht behandelt, beeinträchtigt das stark den Familienfrieden. Es ist daher immer wichtig, sich ausreichend Zeit zu nehmen, die Wünsche und Bedürfnisse der Kinder und Eltern miteinander abzustimmen.

Genauso wirken sich auch die Reaktionen und Aktionen aller anderen auf den Einzelnen aus. Wäre die Mutter nicht erkältet gewesen, hätte sie sicherlich mit mehr Kraft und Geduld den Konflikt der Zwillinge schlichten können und den Verlauf des Bastelnachmittags geändert. Hätten sich die Zwillinge nicht gestritten, wäre es für die Mutter einfacher gewesen, trotz ihrer Erkältung den Kindern gerecht zu werden. Für den Erziehungsalltag von Eltern bedeutet dies, dass das Verhalten ihrer Kinder immer auch eine Reaktion auf sie selbst ist.

## ELTERN SIND VORBILDER

Die Erwartungen an ein Kind, sich konzentriert und aufmerksam einer Aufgabe zu widmen, sind daher auch immer im Kontext des Familiensystems zu betrachten. Sind die Eltern eher unruhig, unkonzentriert und leicht abzulenken, fehlt dem Kind das Vorbild, nach dem es sich in seinem Verhalten richten kann. Es weiß ja nicht automatisch, wie Konzentration »funktioniert«.

Kinder beobachten ihre Eltern und kopieren unbewusst deren Verhalten in vielen Alltagsbereichen. Das gilt für das konzentrierte Arbeiten ebenso wie für den Umgang mit Geschwistern und Freunden oder mit Anforderungen anderer Art. Herrscht zu Hause ein freundlicher Umgangston, übernehmen diesen auch die Kinder. Wird hingegen viel geflucht und geschrieen, so ist es kein Wunder, wenn sich alle Familienmitglieder, einschließlich der Kinder, entsprechend verhalten.

Beobachten Sie doch einmal Ihr eigenes Verhalten: Fällt es Ihnen selbst schwer, Ihren Tag zu strukturieren, Ihre Zeit gut einzuteilen und sich aufmerksam Ihren Aufgaben zu widmen, so ist dieses »Vorbild« für Ihr Kind zunächst einmal alltägliche Realität. Es wird wahrscheinlich ebenfalls ein wenig chaotisch in seiner Alltagsstrukturierung sein und mit Unpünktlichkeit zu kämpfen haben.

Es ist schwer für ein Kind, dessen Eltern unregelmäßige Arbeitszeiten haben und daher jeden Tag zeitlich neu aufteilen müssen, seine Hausaufgaben stets zur selben Zeit zu erledigen. Um dem Kind die Strukturierung seines Tages zu erleichtern, müssen neue Konzepte entwickelt werden. Vielleicht wäre eine Hausaufgabengruppe in der Schule eine Lösung oder die Absprache mit einem Freund, die Hausaufgaben bei ihm gemeinsam zu machen.

## DIE TÜCKEN DES ALLTAGS

Gegenüber ihrem eigenen Verhalten haben viele Menschen eine gewisse Betriebsblindheit, das ist vollkommen normal. Wenn Sie wissen möchten, wie Sie selbst mit den Anforderungen des Alltags umgehen, hilft Ihnen unser Praxistest dabei, dies herauszufinden. Probieren Sie es einfach aus!

### PRAXISTEST FÜR ELTERN

1. Fällt es Ihnen leicht, sich auf eine schwierige Aufgabe zu konzentrieren?

   ☐ Häufig ☐ manchmal ☐ selten

2. Haben Sie Ihren Alltag gut strukturiert und geraten Sie selten in Stress?

   ☐ Häufig ☐ manchmal ☐ selten

3. Vergessen Sie Termine oder Verabredungen?

   ☐ Häufig ☐ manchmal ☐ selten

4. Hören Sie Ihrem Kind aufmerksam zu, wenn es von seinen Erlebnissen des Tages erzählt?

   ☐ Häufig ☐ manchmal ☐ selten

5. Gelingt es Ihnen, die Fragen Ihres Kindes geduldig und ausführlich zu beantworten?

☐ **Häufig** ☐ **manchmal** ☐ **selten**

6. Haben Sie genug Zeit, alle Aufgaben eines Tages zu erledigen?

☐ **Häufig** ☐ **manchmal** ☐ **selten**

7 Gehen Sie spazieren oder betreiben Sie regelmäßig Sport als Ausgleich/Hobby?

☐ **Häufig** ☐ **manchmal** ☐ **selten**

8. Können Sie sich bei Musik oder einem fesselnden Krimi entspannen?

☐ **Häufig** ☐ **manchmal** ☐ **selten**

9. Achten Sie auch für sich selbst auf eine vitaminreiche und vollwertige Ernährung?

☐ **Häufig** ☐ **manchmal** ☐ **selten**

10. Haben Sie einen festen Freundeskreis und pflegen Sie diese Kontakte?

☐ **Häufig** ☐ **manchmal** ☐ **selten**

11. Strukturieren Sie Ihr Leben u.a. auch durch Rituale, z. B. ein gemeinsames Abendessen?

☐ **Häufig** ☐ **manchmal** ☐ **selten**

12. Sind Sie neugierig und interessiert an aktuellen Entwicklungen und sprechen Sie mit Ihrem Kind darüber?

☐ Häufig ☐ manchmal ☐ selten

13. Erkennen Sie die Leistungen Ihres Kindes an und loben Sie es für seine Anstrengungen?

☐ Häufig ☐ manchmal ☐ selten

## ZEIGT IHR KIND EIN ÄHNLICHES VERHALTEN?

Haben Sie im Elternfragebogen Parallelen zum Verhalten Ihres Kindes gefunden? In vielen Verhaltensweisen finden sich Gemeinsamkeiten zwischen Eltern und Kindern. Wenn Sie selbst eher ein Schnellsprecher und -denker sind und im Gespräch häufig das Thema wechseln, sollte es Sie nicht verwundern, wenn auch Ihr Kind nicht lange über eine Sache spricht. Finden Sie eine Strukturierung des Tages durch Rituale langweilig und brauchen die Abwechslung, so kann auch Ihr Kind regelmäßige Termine in sein Leben möglicherweise nicht gut einplanen.

Sind Sie vergesslich? Kinder mögen das überhaupt nicht und reagieren mit Zorn und Trauer auf nicht eingelöste Versprechen. Kurze schriftliche Vereinbarungen oder ein gemeinsamer Terminkalender lösen das Problem meist schnell. Zählen Sie vielleicht zu der neuen Spezies der »Einhandesser«, die sich vor dem PC mit Fast Food versorgt, so können Sie von Ihrem Kind kaum verlangen, seine gesunden Mahlzeiten geduldig alleine am Esstisch einzunehmen.

Ertappen Sie sich selbst dabei, wie Sie Ihrem Kind nur mit einem Ohr zuhören, gedanklich schon bei einem anderen Thema sind oder schnell noch nebenbei eine Notiz schreiben? Fordern Sie Ordnung im Kinderzimmer, kämpfen jedoch selbst gegen die Papierberge auf Ihrem Schreibtisch?

Möchten Sie feste Schlafenszeiten umsetzen, es gelingt Ihnen aber nicht, jeden Abend zur gleichen Zeit zu essen? Das alles ist nicht schlimm, es erklärt jedoch, warum Ihr Kind bestimmte Verhaltensweisen an den Tag legt.

Möchten Sie am Verhalten Ihres Kindes etwas ändern, hilft es oft, das eigene Verhalten anzupassen. Aber Achtung: Betrachten Sie die Anforderungen an Ihr Kind unter realistischen Gesichtspunkten und machen Sie guten Gewissens Abstriche. Niemand erwartet Perfektion.

**Fazit:** Gerade Kinder zwischen vier und sechs Jahren brauchen in erster Linie ein liebevolles und anregendes Erziehungsklima, in dem sie ihre individuellen Fähigkeiten erproben können. In diesem spannenden Alter entdecken sie ihr Interesse an der Welt um sie herum. Sie sind neugierig und offen gegenüber Anregungen, jede Unterstützung ihrer Interessen hilft ihnen, sich weiterzuentwickeln. Das positive Feedback ihrer Eltern motiviert sie immer wieder, sich neuen Anforderungen mutig zu stellen und ihre Lebensumwelt aufmerksam zu erforschen. Diese Wissbegier gepaart mit Konzentration ist ein starkes Sprungbrett in die nächste wichtige Lebensphase – die Schulzeit.

# ANHANG

## Literatur zum Thema ADS

Elisabeth Aust-Claus: ADS – Eltern als Coach. Optimind Media 2003, Wiesbaden

Margarete Imhof: Zappelphilipp, Hampelliese, Cornelsen Scriptor 2003, Berlin

Dieter Krowatschek: Marburger Konzentrationstraining für Kindergarten- und Vorschulkinder, Verlag modernes Lernen 2004, Dortmund

Cordula Neuhaus: Das hyperaktive Baby und Kleinkind, Urania Verlag 2003, Stuttgart

Cordula Neuhaus: Das hyperaktive Kind und seine Probleme, Urania Verlag 2002, Stuttgart

Nicola Raschendorfer: ADS – Und wenn es das gar nicht gibt? Verlag an der Ruhr 2003, Mühlheim an der Ruhr

Uta Reimann-Höhn: Langsam und verträumt, Herder 2002, Freiburg

Uta Reimann-Höhn: ADS – so stärken Sie Ihr Kind, Herder 2001, Freiburg

## Literatur zum Thema Lese-Rechtschreibschwäche (LRS)

Uwe Findeisen: Till Eulenspiegel und seine lustigen Streiche, Winkler 2004, Bochum

Ingrid Fink: Kein Stress mit LRS, VAK Verlag 2004, Kirchzarten

Ute Jahn/Eva-Marie München: Lese- und Rechtschreib-Schwäche? Cornelsen Scriptor 2003, Berlin

Klaus Kleinmann u.a.: Lustige ABC-Lieder. Ein klingendes Bilderbuch, Mildenberger 2002, Offenburg

Petra Küspert: Neue Strategien gegen Legasthenie, Oberstebrink 2003, Ratingen

Nicola Raschendorfer: LRS-Legasthenie: Aus Fehlern wird man klug, Verlag an der Ruhr 2004, Mühlheim an der Ruhr

Bettina Rinderle: Fit trotz LRS mit Harry und Tess, AOL-Verlag 2003, Lichtenau-Scherzheim

Gerd Schulte-Körne: Elternratgeber Legasthenie, Knaur Verlag 2004, München

Detlef Träbert: Richtig schreiben lernen, Rowohlt 2004, Reinbek

**Literatur zum Thema Dyskalkulie**

Lilo Gührs: Fit trotz Rechenschwäche, AOL-Verlag 2004, Lichtenau-Scherzheim

Elke Krüll: So macht Rechnen wieder Spaß, Reinhardt 2000, München

Jens H. Lorenz: Schwache Rechner fördern, Cornelsen Scriptor 2003, Berlin

Angelika Schlotmann: Warum Kinder an Mathe scheitern, Supperverlag 2004, Hirschberg a.d. Bergstraße

Angelika Schlotmann: Kein Kind soll an Mathe scheitern, Supperverlag 2004, Hirschberg a.d. Bergstraße
Margret Schwarz: Elternratgeber Rechenschwäche, Droemer/Knaur, 2005, München
Simone Wejda: Rechenschwäche, der Kampf mit den Zahlen, Cornelsen Scriptor 2004, Berlin

## Adressen

Bundesverband Legasthenie und Dyskalkulie e.V.
www.legasthenie.net
Postfach 11 07
30011 Hannover
Tel 07 00 / 31 87 38 11
Fax: 05 11 / 31 87 39 11
E-Mail: info@bvl-legasthenie.de

Bundesverband Arbeitskreis überaktives Kind e.V.
www.bv-auek.de
Bundesgeschäftsstelle
Postfach 41 07 24
12117 Berlin
Tel. 0 30 / 85 60 59 02
Fax 0 30 / 85 60 59 70
E-Mail: bv.auek@t-online.de

Bundesverband Aufmerksamkeitsstörungen / Hyperaktivität
www.osn.de/user/hunter/badd.htm
Postfach 60
91291 Forchheim
Tel./Fax: 0 91 91 / 3 48 74
E-Mail: BV-AH@t-online.de

Bundeselternrat
www.bundeselternrat.de
Albert-Buchmannstraße 15
16515 Oranienburg
Tel. 0 33 01 / 57 55-37 und -38
Fax 0 33 01 / 57 55-39
E-Mail: bundeselternrat@gmx.de

Schulpsychologen
www.schulpsychologie.de

Bundeskonferenz für Erziehungsberatung
www.bke.de
Herrnstr. 53
90763 Fürth
Tel 09 11 / 9 77 14-0
Fax 09 11 / 74 54 97
E-Mail: bke@bke.de

Familienhandbuch
www.familienhandbuch.de
Informationen zu Lernproblemen
www.lernfoerderung.de
Deutscher Bildungsserver
www.bildungsserver.de

## Adressen in Österreich

www.elternweb.at
Hilfen für Eltern
www.elternforum.at
Ein Kommunikationsforum für Eltern
www.familienbund.at
Wiener Familienbund

## Adresse für die Schweiz

Verband SKJP (Schweizerische Vereinigung
für Kinder- und Jugendpsychologie)
Hauptgasse 35
CH-4500 Solothurn
www.skjp.ch

# Fit für die Schule

Klaus Utz
**So wird mein Kind selbstsicher**
Mit Praxistest
Band 5711

„Du schaffst das!" – Alles, was Eltern wissen müssen, damit ihr Kind Selbstvertrauen und Selbstsicherheit entwickelt. Informationen, Tests und praktische Tipps.

Christine Kügerl
**So lernt mein Kind sich auszudrücken**
Mit Praxistest
Band 5719

Hintergrundinformationen und praktische Anregungen rund ums Thema Sprachfähigkeit – denn Kindern, die gut sprechen können, fällt es leichter, die Welt zu verstehen und mit anderen in Kontakt zu kommen.

Frauke Meinders-Lücking / Susanne Loy
**Wie schulfähig ist mein Kind?**
Mit Praxistest
Band 5721

„Schulfähig" – was heißt das? Ein genauer Blick auf die Schulvoraussetzungen und Hilfestellungen, um die individuellen Fähigkeiten des eigenen Kindes einzuschätzen, helfen Eltern, die richtige Entscheidung zu treffen.